In dieser Reihe sind
bisher erschienen:

Richtig Badminton
Richtig Basketballspielen
Richtig Bergsteigen
Richtig Freiklettern
Richtig Fußballspielen
Richtig Golf
Richtig Golf rund um's Grün
Richtig Inline-Skating
Richtig Jogging
Richtig Jonglieren
Richtig Karate
Richtig Muskeltraining
Richtig Paragliding
Richtig Reiten
Richtig Rennradfahren
Richtig Schwimmen
Richtig Segeln
Richtig Segelsurfen
Richtig Skifahren
Richtig Skilanglaufen
Deutsche Skischule
Richtig Snowboarding
Richtig Squash
Richtig Stretching
Richtig Taekwondo
Richtig Tanzen 1
Richtig Tanzen 2
Richtig Tauchen
Richtig Tennisspielen
Richtig Tennistraining
Richtig Tischtennis
Richtig Walking
Richtig Wildwasserfahren
Richtig Yoga

Gertrude Krombholz
Astrid Leis-Haase

Richtig Tanzen 2

Langsamer Walzer, Wiener Walzer, Tango, Foxtrott/Quickstep, Slowfox

Standardtänze von den Grundformen zu den Tanzabzeichen

BLV

Die Deutsche Bibliothek – CIP-Einheitsaufnahme
Richtig Tanzen / Gertrude Krombholz; Astrid Leis-Haase. – München; Wien; Zürich: BLV.
(BLV-Sportpraxis Top)
NE: Krombholz, Gertrude; Leis-Haase, Astrid

2. Standardtänze von den Grundformen zu den Tanzabzeichen: Langsamer Walzer, Wiener Walzer, Tango, Foxtrott/Quickstep. Slowfox. –
3., durchges. Aufl. – 1998
ISBN 3-405-14645-3

Demonstratoren
Astrid Leis-Haase und Peter Hölters
Dagmar und Norman Beck (Titelbild)

Bildnachweis
Alle Fotos von Sabine Hahnel, Horst Krause, Gertrude Krombholz, außer: Gertrude Krombholz (Archiv): S. 59; Karin Moos: S. 2/3, 17, 40, 43, 57, 83, 108, 134

Grafiken:
Archiv für Kunst und Geschichte, Berlin: S. 9, 45
Barbara von Damnitz: S. 15, 18, (nach: Günther, H./H. Schäfer: Vom Schamanentanz zur Rumba. Fritz Ifland, Stuttgart 1959), 111, 140–143
Polytext GmbH: S. 11

Umschlagfotos: Klaus Füßinger (Vorderseite), Horst Krause (Rückseite)

BLV Verlagsgesellschaft mbH
München Wien Zürich
80797 München

BLV Sportpraxis Top

Dritte, durchgesehene Auflage

Satz: Typodata, München
Druck: Appl, Wemding
Bindung: Conzella, Urban Meister, München

Gedruckt auf chlorfrei gebleichtem Papier

Printed in Germany · ISBN 3-405-14645-3

Dr. Gertrude Krombholz: Ltd. Akademische Direktorin, Leiterin der Abteilung Sportlehrerausbildung und Leiterin des Fachgebiets Gymnastik, Tanz, Musik und Bewegung an der Technischen Universität München.
Tänzerische Ausbildung im In- und Ausland, u. a. im Gesellschaftstanz bei Paul Krebs/Nürnberg; ADTV-Tanzlehrerin. Seit 35 Jahren Dozentin für Tanz in der Sportlehrerausbildung und in Freizeitgruppen mit Studenten, Kindern und Jugendlichen, Senioren und Behinderten. Initiatorin des integrativen Rollstuhltanzes in Deutschland. Referenten- und Lehrgangstätigkeit bei Kongressen und Fortbildungsveranstaltungen im In- und Ausland. Leiterin und Choreographin vieler Vorführungen mit den Tanzgruppen der Technischen Universität München bei Sport- und Tanzveranstaltungen im In- und Ausland. Wertungsrichtertätigkeit bei vielen Tanzveranstaltungen. Zahlreiche Veröffentlichungen im Bereich Gymnastik und Tanz, in der Sportdidaktik und -geschichte.

Astrid Leis-Haase: Selbständige ADTV-Tanzlehrerin und geprüfte Tanzsporttrainerin in München. Ihre Schwerpunkte sind Gesellschafts- und Turniertänze aller Leistungsstufen, Steptanz, moderne Bewegungstechniken, Schautanzchoreographie sowie Tanztherapie und Rollstuhltanz. Als ehemalige Amateurtanzsportlerin mit Peter Hölters 1973 in der D-Klasse begonnen, nach 2 Jahren als Deutsche A-Klassenmeisterin Latein die Sonderklasse erreicht. Aufnahme in den Nationalkader, internationale Wettkämpfe. 1977 mit dem 3. Platz der deutschen Lateinmeisterschaft und als Mitteleuropäische Vizemeister die Amateurlaufbahn beendet.
Nach einem längeren Aufenthalt in den USA und Schulabschluß in Krefeld, Studium der Fächer Englisch und Philosophie an der Universität Düsseldorf. Das Hobby wurde zum Beruf. Tanzlehrerausbildung bei Ernst Fern, Düsseldorf, Tanzsporttrainerausbildung bei Rudi Trautz und Rainer Salmen/Augsburg.
Seit 15 Jahren als selbständige Tanzlehrerin im Münchner Norden aktiv.

Vorwort

Die **Standardtänze** sind seit Jahrzehnten für Paare aller Altersgruppen ein beliebtes gemeinsames Vergnügen, Ausdruck von Lebensfreude und eine attraktive Form der gesellschaftlich akzeptierten Annäherung. Die körpernahe Tanzhaltung gibt den Tänzern Gelegenheit, für die individuelle tänzerische Interpretation des Partners sensibel zu werden, gemeinsame Freude an Musik und Bewegung zu entwickeln und vielleicht sogar eine knisternde Atmosphäre zu genießen. Durch ihre Eleganz, ihre musikalische Vielseitigkeit und ihren verbindenden Charakter sind die Standardtänze Gesellschaftstänze im eigentlichen Sinn und nehmen einen festen Platz im gesellschaftlichen Leben ein, wie z.B. bei Hochzeiten und Bällen.
Die Grundformen dieser Tänze sind unkompliziert und leicht zu erlernen, denn die Musik wird als vertraut empfunden und die Grundschritte entsprechen weitgehend unseren natürlichen Gehbewegungen. Die Standardtänze stellen, im Vergleich zu den Lateinamerikanischen Tänzen, keine extremen Anforderungen an die körperliche Fitneß der Tänzer. Sobald sie jedoch zur Turnierreife gelangen, sind sie wie alle Tänze anstrengend und wirklicher Leistungssport.

Dieses Buch richtet sich an die große Zahl der Freizeittänzer und Breitensportler, die Tanzen lernen zu ihrem gemeinsamen Hobby erklärt und bereits einen oder mehrere Tanzkurse absolviert haben, vielleicht sogar Mitglieder in Tanzkreisen oder Tanzclubs sind. Ihnen wollen wir helfen, sich der erlernten Figuren und Elemente zu erinnern, selbst weiterzuüben und eigene Figurenfolgen zusammenzustellen. Die Auswahl der Tanzfiguren wurde so getroffen, daß sie sowohl für das Deutsche Tanzabzeichen des Allgemeinen Deutschen Tanzlehrerverbandes (ADTV) als auch für das Tanzsportabzeichen des Deutschen Tanzsportverbandes (DTV) eine Grundlage bilden können.

Die theoretische Darstellung von Tanzfiguren wird jedoch keineswegs den Tanzunterricht durch ausgebildete Lehrkräfte und die Tanzpraxis ersetzen können; denn vor allem durch Übung entstehen Selbstsicherheit, Lässigkeit und Eleganz der Bewegung. Erst dann kann man seinen Tanzpartner und das gemeinsame Interpretieren der Musik richtig genießen.
Unser herzlicher Dank geht an den Demonstrationspartner Peter Hölters und die Fotografen, die zum Gelingen der tanztechnischen Fotos beigetragen haben. Besonderer Dank gilt auch den deutschen Spitzenpaaren, die uns freundlicherweise Schmuckfotos überließen, insbesondere dem Ehepaar Dagmar und Norman Beck, die das Titelbild stellten.

Gertrude Krombholz — *Astrid Leis-Haase*

Inhalt

Woher kommen die Standardtänze?

Als der älteste der Standardtänze kann der Walzer bezeichnet werden. Er beherrschte zusammen mit der Polka und dem Galopp die Tanzszenerie des 19. Jahrhunderts.
Im Gesellschaftstanz bahnte sich Anfang des 20. Jahrhunderts eine Revolution an. Die ersten Tanzformen aus Amerika kamen nach Europa, u.a. 1907 der Tango, 1910 der Onestep und 1912 der Ragtime. In der Verbreitung moderner Tänze führte zunächst Paris. Dort wurde 1909 die 1. sogenannte (selbst ernannte) Weltmeisterschaft ausgetragen; nur die neuesten Tänze waren zugelassen. 1910 folgte die 2. Weltmeisterschaft in Nizza.
Während des 1. Weltkrieges war in Frankreich und Deutschland das Tanzen verboten. Anders in England: Bands aus Amerika spielten dort zu den neuen Tänzen. Das wesentlichste Merkmal dieser Tänze war die Abkehr von der klassischen Ballettgrundlage und eine Hinwendung zu natürlicheren Bewegungsformen sowie die Anpassung an den Rhythmus, der vor allem durch die Jazzmusik vorgegeben war.
Die für die alten Tänze charakteristische Rundtanzbewegung wurde von Gehbewegungen abgelöst, die zunächst noch mit dem Ballen angesetzt wurden. Die Drehungen stellten nicht mehr den Hauptbestandteil der Tänze dar, sondern lediglich einen Teil.
Die Tanzhaltung war noch keineswegs so festgelegt wie heute; man tanzte entweder ohne Körperkontakt oder, wie bei den alten Tänzen, in enger, damals oft anstoßerregender Tuchfühlung.
Der Foxtrott, der sich aus dem Ragtime entwickelt hatte, mit seinen abwechselnd schnellen und langsamen Schritten verdrängte alle übrigen Tänze und wurde zum Wegbereiter des sogenannten »englischen Stils«. Englische Tanzlehrer waren es, die zwischen 1920 und 1930 die Gesellschaftstänze neu gestalteten und eine neue Technik vorlegten. In einer ersten Konferenz englischer Tanzlehrer 1920 wurden hierzu die Grundlagen geschaffen.
Der »English Waltz« wurde aus dem alten Walzer (Schritt, Schritt, Füße schließen) abweichend vom nachfolgenden, geradeaus strebenden Boston als weiträumiger Drehtanz entwickelt.
Der Tango fand zunächst in der einfachen Form des Milonga-Tango Eingang. In mehreren Konferenzen Anfang der zwanziger Jahre wurden die Grundelemente und -figuren des englischen Stils vorgezeichnet.
England wurde zur führenden Tanznation Europas. Englische Turnierpaare siegten auf allen großen Meisterschaften. Victor Silvester, 1922 der erste englische Weltmeister, beeinflußte mit seinem 1928 erschienenen

Buch »Modern Ballroom Dancing« und mit seiner vorwiegend auf Turniertänzer abgestimmten Tanzmusik die Verbreitung des englischen Stils. Bei der »Great Conference« im Jahre 1929 legte eine allgemeine Resolution Slowfox, Quickstep, English Waltz, Tango und Blues als Standardtänze fest. Einfache Figuren und die Tempi für die einzelnen Tänze wurden in diesem Beschluß bestimmt. Nach 1930 kamen noch zahlreiche neue Figuren hinzu, doch im wesentlichen werden heute die Standardtänze nicht viel anders getanzt als damals. Dieser Stil gilt bis zum heutigen Tag für jedermann und nicht nur für die Turniertänzer. Das Hauptmerkmal ist eine natürliche, dynamische Fortbewegung in einer leichten, mühelosen Ausführung (»ein Maximum an Bewegung, verbunden mit Leichtigkeit« nach Alex Moore).

Deutschland akzeptierte 1929 den englischen Stil; Skandinavien, Niederlande, Belgien und Frankreich folgten. Für die Verbreitung des neuen Stils in aller Welt sorgte die 1936 erstmals erschienene Tanzbibel des englischen Tanzlehrers Alex Moore: »Ballroom Dancing« (1983 in 11. Auflage). Auch die ab 1933 bis heute erscheinende Fachzeitschrift »Monthly Letter Service« ist ihm zu verdanken.

In den dreißiger Jahren bahnte sich die Trennung von Amateur- und Professional-Turnieren an. Nach der Gründung des ersten internationalen Amateurverbandes 1935 konnte 1936 die 1. offizielle Amateurmeisterschaft unter Beteiligung von zwölf europäischen und zwei Übersee-Ländern in Bad Nauheim zur Durchführung kommen. Hier siegten die Engländer.

1948 brachte die »Revidierte Technik« von Alex Moore noch manches Neue, im wesentlichen blieb der Stil jedoch erhalten. Die Figuren wurden in drei Gruppen aufbereitet: Basic Figures, Standard Variations und Named Variations. Verstärkt wurde auf die Körpertechnik, den Einsatz des ganzen Körpers beim Heben und Senken, Wert gelegt.

Ein einschneidendes Ereignis war 1951 die Aufnahme des Wiener Walzers in die Gruppe der Standardtänze, choreographiert von dem deutschen Tanzlehrer Paul Krebs.

Der 1949 gegründete Internationale Tanzlehrerverband (ICBD) legte im Jahre 1954 die Tempi für die einzelnen Turniertänze fest. Für den Amateurbereich übernahm die Internationale Organisation für Amateurtänzer (ICAD, 1991 umbenannt in IDSF) die Verantwortung für den gesamten sportlichen Amateurbereich.

Das Menuett – beliebter Tanz der eleganten Gesellschaft im 18. Jahrhundert

Wertvolle Impulse gingen jährlich von internationalen Fachtagungen aus (ab 1948 vom Weltkongreß in Blackpool, ab 1968 von den INTAKOs vorwiegend in Mainz oder Hamburg sowie den Fachtagungen in Bad Kissingen), wo sich die Fachexperten der Welt um neue tänzerische Impulse bemühten.
Im Tanzsport werden heute bei nationalen und internationalen Turnieren zwei Sektionen unterschieden: die **Standardtänze** und die **Lateinamerikanischen Tänze.**
Die Standardtänze, die teilweise bereits seit den zwanziger Jahren in Wettbewerben getanzt werden, umfassen heute im Turnierprogramm den Langsamen Walzer, Tango, Wiener Walzer, Slowfox und Quickstep.
Als Lateinamerikanische Tänze bezeichnet man derzeit Samba, Cha-Cha-Cha, Rumba, Paso Doble und Jive, die in Turnieren seit 1968 in der genannten Reihenfolge getanzt werden.

Wie tanzt man die Standardtänze?

Charakter

Ein wesentlicher Charakterzug der Standardtänze ist die von Tanz zu Tanz unterschiedlich schnelle und raumgreifende Fortbewegung. Im Gegensatz zu den mehr stationär getanzten Lateinamerikanischen Tänzen spricht man bei den Standardtänzen von Bewegungstänzen. Im Langsamen Walzer gestaltet sich die Fortbewegung schwingend, im Wiener Walzer unaufhörlich drehend, im Tango mehr schleichend, im Foxtrott rhythmisch vorwärtsdrängend, im Quickstep in spritzigem Flug und im Slowfox in fließenden Wellen. Dabei bewegen sich die Tänzer im wesentlichen in Tanzrichtung vorwärts (s. gegenüberliegende Grafik).
In allen Standardtänzen ist eine ruhige, stabile Oberkörperhaltung (Oberlinie) Voraussetzung für die Entwicklung des etwas unterkühlt wirkenden und doch temperamentvollen, geschmeidigen »englischen Stils«, der ein Maximum an Bewegung mit einem Minimum an Anstrengung verbindet. Anders als in den Lateinamerikanischen Tänzen sind die Partner bei den Standardtänzen unauflöslich durch den Körperkontakt miteinander verbunden. Das stellt hohe Anforderungen an Balance, Körperhaltung und wechselseitige Führung, durch die eine völlig aufeinander abgestimmte, harmonische Paarbewegung

entstehen soll. Darin liegen sowohl die größten Schwierigkeiten als auch der höchste Tanzgenuß. Die Faszination des Standardtanzes liegt in dem starken Gefühl der körperlichen »Verschmelzung« mit dem Partner, der gemeinsamen Balance in wechselnden Körpergeschwindigkeiten und Drehungen, der geschickten Koordination raffinierter Schritte und der schnellen Reaktion auf wechselnde Führungsimpulse.

Musik und Rhythmus

Beim Tanzen wird Musik in Bewegung umgesetzt. Jeder Standardtanz hat seinen eigenen Grundrhythmus, seinen musikalisch-tänzerischen Charakter und sein spezifisches Tempo.

Der Langsame Walzer (3/4-Takt) schwingt ruhig und klar; einem Takt in der Musik entspricht jeweils ein tänzerischer Schrittsatz. Die schwungvolle, schnelle Musik des Wiener Walzers (3/4-Takt) bringt ausgelassene Ballatmosphäre auf das Parkett. Im Tango (2/4-Takt) herrscht eher dramatische Stimmung; dem abrupten Wechsel zwischen langsamen und schnellen Taktschlägen folgen die Paare mit unterschiedlich schnellen Schritten, abgestoppter Dynamik und überraschenden Kopfaktionen. Der Foxtrott (4/4-Takt) swingt und läßt die Tänzer unbekümmerte Lebensfreude ausdrücken. Im Quickstep (4/4-Takt) steigert die noch rasantere, aber kontrolliert treibende Musik das Temperament der Paare zu atemberaubend schnellen, federleicht wirkenden Schritten. Im Slowfox schließlich (4/4-Takt) werden die Paare von dem langsamen, gleichmäßigen Rhythmus der fließenden Musik zu sanftem Dahingleiten veranlaßt.

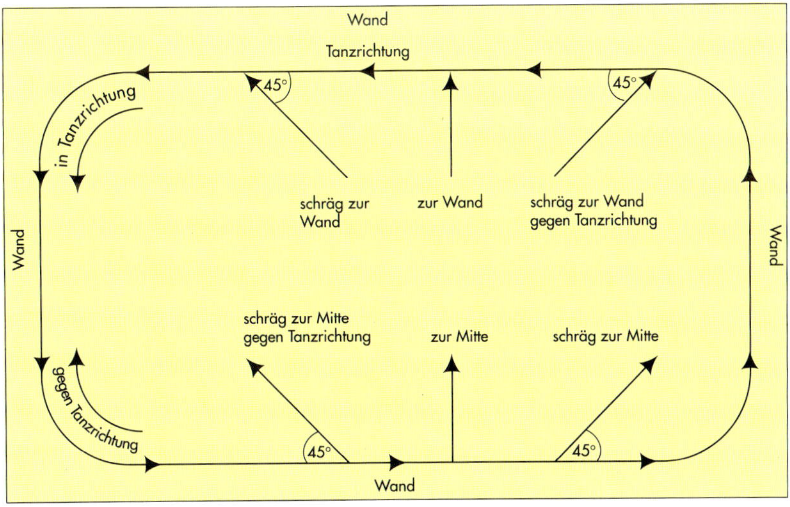

Selbst bei der Entwicklung noch so großer tänzerischer Ausgelassenheit sollte ein Tanzpaar im Takt tanzen. Stimmen tänzerische und musikalische Impulse überein, ist der typische Grundrhythmus des jeweiligen Tanzes erkennbar.

Tanzhaltungen

Es gibt die verschiedensten Tanzhaltungen, die je nach Tanz, Musik, Anlaß, Schwung und Partner enger oder distanzierter, kleiner oder weiter sein können. Für die Paare, die ein Tanzabzeichen anstreben, ist lediglich die Unterscheidung zwischen zwei Tanzhaltungen wichtig:

1. die geschlossene Tanzhaltung,
2. die Promenaden-Tanzhaltung.

Die geschlossene Tanzhaltung wird in der geschlossenen Gegenüberstellung eingenommen, während die Promenaden-Tanzhaltung in der sog. Promenadenstellung getanzt wird. Beide Tanzhaltungen sind für die Tänze Langsamer Walzer, Foxtrott, Quickstep und Slowfox gültig, für den Wiener Walzer gilt nur die erstgenannte. Der Tango mit seinem lateinamerikanischen Ursprung nimmt in der Gruppe der Standardtänze eine technische Sonderrolle ein.

Zu einer Tanzhaltung gehören:

– die individuelle Körperhaltung,
– die Stellung der Körper zueinander,
– die Fußstellung,
– die Berührungspunkte und
– die Arm- und Kopfhaltung.

Durch das Einnehmen der Tanzhaltung soll in einem Paar ein gemeinsames Zentrum geschaffen werden. Voraussetzung dafür sind zwei in sich balancierte Individuen, die in aufrechter Körperhaltung sich einander nähernd eine dritte gemeinsame Balance suchen. Die genannten Tanzhaltungen für die einzelnen Tänze sind in den entsprechenden Kapiteln ausführlich beschrieben.

Geschlossene Tanzhaltung
Geschlossene Fußstellung, vierspurig (s. S. 142)

Geschlossene Tanzhaltung
Geschlossene Fußstellung, Tango, dreispurig (s. S. 140)

Geschlossene Tanzhaltung
Offene Fußstellung vorw./rückw., vierspurig (s. S. 142)

Geschlossene Tanzhaltung
Offene Fußstellung seitw., vierspurig (s. S. 142)

Geschlossene Tanzhaltung
Offene Fußstellung vorw./rückw., zweispurig (s. S. 143) (GBST a. P.)

Geschlossene Tanzhaltung
Offene Fußstellung vorw./rückw., vierspurig (s. S. 142) (Schulterführung)

Offene Fußstellung vorw., vierspurig (s. S. 142)

Promenaden-Tanzhaltung
Offene Fußstellung (Tango-Promenade), vierspurig (s. S. 142)

Führen und Folgen

In den Standardtänzen führt vorwiegend der Herr, weil er die häufigsten Vorwärtsaktionen tanzt und damit die bessere Übersicht über die Durchführbarkeit der geplanten Schritte auf der Tanzfläche besitzt. Durch sein entschlossenes Vorwärtstanzen mit dem gesamten Körper, durch den stabilen Körperkontakt und den Druck seiner rechten Hand wird die Bewegung auf die Partnerin übertragen. Verstärkt der Herr den Druck des rechten Handballens, versteht die Dame, daß eine rechtsdrehende Bewegung folgen soll. Drückt er sie mit den Fingerspitzen der rechten Hand stärker an sich, so wird sie ihm in eine Linksbewegung folgen. Wenn der Herr rückwärts tanzen will, so zeigt er dies seiner Dame mit der flachen rechten Hand an. Bei Vorwärts- und Seitwärtsschritten bringt er sein Körpergewicht möglichst gleichzeitig mit dem Schreitbein in die gewünschte Richtung. Auf diese Weise kann die Dame der Bewegung am besten folgen.

Auch eine Dame muß gewissermaßen führen, wenn sie aktiv vorwärts tanzt, denn der Körperkontakt sollte hierbei nicht unterbrochen werden. Fortgeschrittene Paare verstehen, weshalb man vom wechselnden Rollenspiel spricht. Auch in Drehungen ist immer ein Partner aktiv im Außenkreis und der andere etwas mehr passiv im Innenkreis der Bewegung. Das kann einmal die Dame, einmal der Herr sein und innerhalb einer Figur mehrfach wechseln, z.B. beim Natural Spin Turn. Für die Dame ist wichtig, daß sie, obwohl sie der Führung des Herrn grundsätzlich folgen sollte, ihre Bewegung selbständig tanzt und die aktiven Teile der Tanzschritte bewußt setzt. In Schrittreihenfolge, Rhythmus und Tempo sollte sie möglichst anpassungsfähig sein, damit eine gemeinsame, harmonische Bewegung entstehen kann.

Viele technische Angaben werden bei den einzelnen Tanzfiguren aus der Sicht des Herrn beschrieben, z.B. die Startrichtung.

Fußtechnik

Die Fußtechnik in den Standardtänzen entspricht mehr oder weniger der natürlichen Gehbewegung des Menschen. Die Füße bleiben bei fast allen Schritten, auch wenn sie nicht belastet sind, mit leichtem Druck in Kontakt mit dem Boden. Vorwärtsschritte beginnen meistens mit der Ferse (Fe) und rollen über den Ballen (Ba) ab. Rückwärtsschritte werden mit der Fußspitze angesetzt und rollen über den Ballen zur Ferse nach hinten ab. Heißt es in den Figurenbeschreibungen »Fe-Ba« bei einem Vorwärtsschritt, ist damit gemeint, daß der Fuß von der Ferse zum Ballen abrollt und sich aus dem Fußgelenk heraus nach oben bewegt. Es erfolgt ein Heben am Ende des Schrittes. Bei Rückwärtsschritten wird die Bezeichnung »Ba-Fe« verwendet. Flache Schritte (Fe-flach, Ba-flach) sind Schritte ohne Heben und Senken.

Im Bewegungszusammenhang gibt es auch Vorwärtsschritte, die mit »Bate« beschrieben werden. Voraus geht ein Schritt auf dem Ballen, also hoch im Fußgelenk. Das Körpergewicht wird auf dem Ballen durch den nächsten Schritt übernommen und am Ende das Fußgelenk gesenkt, dabei werden die Knie etwas gebeugt. Diese Bewegung ist vorwärts, rückwärts oder seitwärts möglich.

Gegenbewegung und Neigung

Gegenbewegung ist das gleichzeitige Vor- bzw. Rückwärtsdrehen der entgegengesetzten Körperseite zum ausschreitenden Bein. Sie wird für die Einleitung einer Drehung benötigt und richtet sich in ihrem Ausmaß nach der folgenden Figur. Umgangssprachlich wird die Gegenbewegung vor einer Drehung oft als »Schwungholen des Körpers« bezeichnet.
Unter Neigung versteht man die Neigung der Körpersenkrechten nach rechts oder links entgegen der Schwungrichtung. Eine Neigung ist unerläßlich, um die Balance in Drehungen halten zu können und um den Drehschwung abzuleiten, z.B. beim Natural Turn im Langsamen Walzer. Je stärker der Schwung, desto stärker die Neigung. Die Körperneigung entsteht durch seitliches Schrägstellen des Beckens bei gleichzeitiger Dehnung der Außenseite. Die Taille darf dabei nicht abgeknickt werden.

Neigung

Heben und Senken

Unter Heben versteht man die Veränderung der Position des Körperschwerpunktes über die Grundstellung hinaus, maximal auf die Zehen, und der Streckung der Knie. Senken bedeutet die Veränderung des Körperschwerpunktes unter die Grundstellung und das Beugen der Knie. Beide Aktionen sind Voraussetzung für eine aktive Fortbewegung, die Verlängerung der Schritte und eine schwungvolle Bewegung. Zu unterscheiden sind:

1. Das »endlose« Heben (a. E. etw. heben – weit. heben – weit. heben, a. E. senken) wie beim Natural Turn im Langsamen Walzer.
2. Das allmähliche Heben (a. e. etw. heben – weit. heben – weit. heben – hoch, a. E. senken) wie beim Progressive Chasse im Quickstep.
3. Das schnelle Heben (a. E. heben – hoch – hoch, a. E. senken) wie beim Feather Step im Slowfox.
4. Bei Rückwärtsschritten bedeutet »a. E. heben, n. i. Fuß«, daß das Heben aus einem Rückwärtsschritt nicht im Fuß (no foot rise), wie die englische Technik es beschreibt, sondern aus einer leichten Streckung des Knies erfolgt.

Heben oder Senken beginnt immer am Ende eines Schrittes (a. E.). Nur so schmiegen sich Heben und Senken ohne Bruch in die Bewegung ein. Im Tango gibt es keinerlei Heben und Senken. Alle Figuren werden auf gleicher Höhe mit leicht gebeugten Knien getanzt.

Abkürzungen

Folgende Abkürzungen werden bei der Beschreibung der Figuren verwendet:

R	= rechts
L	= links
RD	= Rechtsdrehung
LD	= Linksdrehung
RF	= rechter Fuß
LF	= linker Fuß
RFe	= rechte Ferse
LFe	= linke Ferse
F	= Fuß
g.Fuß	= ganzer Fuß
Fe	= Ferse
Ba	= Ballen
JKa	= Innenkante
JKa Ba	= Innenkante Ballen
JKa Fe	= Innenkante Ferse
vorw.	= vorwärts
rückw.	= rückwärts
seitw.	= seitwärts
diag.	= diagonal
schr.	= schräg
schl.	= schließen
geschl.	= geschlossen
bel.	= belasten
o.Gew.	= ohne Gewicht
dr.	= drehen
K.v.RD	= Körper vollendet Rechtsdrehung
K.v.LD	= Körper vollendet Linksdrehung
K.d.w.	= Körper dreht weniger
D	= Dame
H	= Herr
TR	= Tanzrichtung
GTR	= Gegentanzrichtung
NTR	= Neue Tanzrichtung
Wa	= Wand
Mi	= Mitte
Fr	= Front
Prom.	= Promenade
Pos.	= Position
St.	= Stellung
GÜST	= Gegenüberstellung
GBST	= Gegenbewegungs-stellung
Bew.	= Bewegung
Gegenbew.	= Gegenbewegung
Schulterf.	= Schulterführung
vorber.	= vorbereitend(er)
außenseitl.	= außenseitlich(er)
a.P.	= außenseitliche(r) Partner(in)
achs.art.	= achsenartig
entl.	= entlang
etw.	= etwas
kl.	= klein
l.	= leicht
weit.	= weiter
n.i.F.	= nicht im Fuß
n.	= nach
o.	= oder
u.	= und
z.	= zur, zum
zus.	= zusätzlich
beg.	= beginnend
Beg.	= Beginn
a.E.	= am Ende eines Schrittes

Astrid Lewrenz und Allan Frank, Hamburg

Langsamer Walzer

Woher kommt der Langsame Walzer?

Wiener Walzer

Der Langsame Walzer entwickelte sich in den zwanziger Jahren aus dem Boston, einem »Nachläufer« des Wiener Walzers (s. Seite 44 ff.), der neben den alten »runden« Drehungen bereits die neuen Elemente des »Geradeaus-Bewegens« beinhaltete. Aufgrund seiner Herkunft wurde er auch »English Waltz« genannt. Diesen Namen führte er aber erst ab 1929 in Turnieren, wenngleich er bereits bei der Weltmeisterschaft 1922 getanzt wurde.

Boston

Anfangs war er mehr ein Tanz mit vorwärtsstrebendem Charakter, ein »dance of passing feet« im Stil des Bostons oder des Slowfox. Später wurden durch den vermehrten Drehgrad am Ende des Taktes die Füße geschlossen. Da die vollen Drehungen sich als problematisch erwiesen, erhielt der Tanz eine Diagonalstruktur, indem jeweils bei der Rechts- und Linksdrehung nur eine ¾-Drehung getanzt wurde. Diese neue, von englischen Tanzlehrern choreographierte Form wurde 1927 von der Imperial Society anerkannt.

»Moderner« Turnierwalzer

Der Langsame Walzer gilt wegen seiner rhythmisch-schwingenden Bewegungen zu der weichen, oft sentimentalen Musik als der harmonischste Standardtanz. Er wird häufig zur Eröffnung von Veranstaltungen getanzt.

Wie tanzt man den Langsamen Walzer?

Der **tänzerische Charakter** des Langsamen Walzers (English Waltz) äußert sich in langsam und gleichmäßig schwingenden, raumgreifenden Drehbewegungen, die bruchlos und doch deutliche Impulse gebend über die Tanzfläche rotieren. Das Walzerpaar schwingt wie ein Pendel von Höhepunkt zu Höhepunkt, wobei ein Schrittsatz (1,2,3) mit einem ganzen Takt in der Musik (1,2,3) zusammenfällt. Die musikalische Betonung des ersten Taktschlages ist zeitgleich mit der größten Kraft des neuen Schwunges. Beim zweiten Schritt wird der Hauptteil der Drehung und die stärkste raumgreifende Wirkung erzielt. Beim dritten Schritt wird die Drehung durch das Schließen der Füße kontrolliert, das Schwunggefühl sammelt sich zum Ansatz des nächsten Schrittsatzes.

Geschlossene Tanzhaltung

In **geschlossener Gegenüberstellung** stehen sich die Partner frontal und jeweils leicht nach links versetzt gegenüber. Die Füße sind parallel geschlossen, wobei der rechte Fuß des einen Partners zwischen die Füße des anderen zeigt, sie aber nicht berührt. Das Körpergewicht ruht auf dem vorderen Teil des Standfußes, während der andere Fuß unbelastet herangeschlossen ist. Die Knie sind »weich gestreckt«, das bedeutet, nicht durchgedrückt, sondern flexibel und bewegungsbereit.
In der Seitenansicht verläuft eine senkrechte Linie durch Ohr, Schulter, Hüfte, Knie und Ballen des Standfußes. Körperkontakt haben beide Partner zwischen dem unteren Rippenbogen und der Leistengegend auf der rechten Körperfront, entsprechend dem jeweiligen Größenverhältnis. Die Schulterlinien verlaufen parallel; auch in der Bewegung, bei Vorwärts-, Rückwärts-, Seitwärts- und außenseitlichen Schritten, sollte die geschlossene Gegenüberstellung nicht verändert werden.
Die Armhaltung dient der Balance und der Erhaltung des Körperkontaktes. Keiner darf durch Festhalten beim Partner das Gleichgewicht suchen.
Die rechte Hand des Herrn liegt mit geschlossenen Fingern und leichtem Druck etwas unterhalb des linken Schulterblattes der Dame. Sein rechter Unterarm sollte vom Ellenbogen aus schräg nach unten gehalten werden, das Handgelenk darf nicht abknicken; seine Finger bilden mit dem rechten Unterarm eine gerade Linie.
Die Dame legt ihre linke Hand ohne Gewicht auf seinen rechten unteren Oberarm. Sie imitiert mit ihrem linken Unterarm seine rechte Oberarmlinie und verlängert sie nach außen. Seine linke Hand umfaßt ihre rechte Hand so, daß die vier Finger seiner Hand auf ihrem rechten Handrücken ruhen, die beiden Daumen gekreuzt sind und ein kleiner Luftraum zwischen

den gefaßten Händen entsteht. Arme und Ellenbogen werden seitlich vom Körper weggehalten und leicht nach vorne geneigt. Je nach Größenverhältnis befinden sich die gefaßten Hände zwischen den Augenhöhen der Partner. Beide schauen über die rechte Schulter des Partners nach außen.

Promenaden-Tanzhaltung

In der sogenannten **Promenadenstellung** öffnen die Tänzer ihre vorher parallele Körperposition V-förmig in Richtung der gefaßten Hände. Die Fußspitzen der Partner stehen bei entweder geschlossenen Füßen oder in Schrittstellung in einem annähernd rechten Winkel. In der Bewegung soll sich das linke Bein der Dame immer hinter dem rechten Bein des Herrn befinden. Ihre linke Hüfte sollte ständig hinter seiner rechten Hüfte bleiben, damit der Körperkontakt nicht unterbrochen wird. Die Schultern beider Partner bilden einen Winkel zueinander, der mit Rücksicht auf die Armlinien deutlich kleiner ist als 90°. Beide sollten darauf achten, daß kein Ellenbogen hinter die eigene Rückenlinie gerät und weder die Arme noch die Hände heruntersinken. Herr und Dame schauen in die gleiche Richtung, wobei die Köpfe weder nach vorne gebeugt noch seitlich geneigt werden; sie bleiben einfach gerade.

Technik

Die Tanzbewegungen des Langsamen Walzers sind von extremen Höhen und Tiefen geprägt. Das sanft beginnende, sich unaufhörlich weiter steigernde Heben in Fußgelenken und Knien und das kontrollierte Senken sind charakteristisch (1 a.E. etwas heben, 2 weiter heben, 3 weiter heben, a.E. senken). Es ist darauf zu achten, daß kein »Plumps-Effekt« beim Senken und kein Schulternhochziehen beim Heben entsteht.
Gegenbewegungen sind für diesen Tanz wichtige »Schwungholer« vor den jeweiligen Drehungen. Sie sollen sich harmonisch aus der vorhergehenden Bewegung entwickeln und dürfen nicht ruckartig oder künstlich erzeugt werden.

Musik: Langsam schwingend, weich, zärtlich, pendelartig mit Betonung auf den ersten Taktschlag.

Takt:	3/4	1 Takt			1 Takt		
Rhythmus:	Notenwerte	1/4	1/4	1/4	1/4	1/4	1/4
	Zählweise	1	2	3	1	2	3

Tempo: Je nach Können sind 29–32 Takte pro Minute möglich.
Im Turnier: 30 Takte pro Minute.

Mit Hilfe der Neigungen gelingt es dem Tänzer, den Drehschwung zu kontrollieren und die Balance zu halten, ohne aus der Kurve getragen zu werden. (Gegenbewegung und Neigung s. Seite 15).

Grundbewegungen

Grundschritt am Platz (Carré):

HERR			DAME		
1	**RF**	vorw.	1	**LF**	rückw.
2	**LF**	seitw.	2	**RF**	seitw.
3	**RF**	schl.	3	**LF**	schl.
4	**LF**	rückw.	4	**RF**	vorw.
5	**RF**	seitw.	5	**LF**	seitw.
6	**LF**	schl.	6	**RF**	schl.

Dieser Schritt kann wiederholt werden. Zwischen den Schritten 1–3 und 4–6 kann jeweils $^1/_4$ RD getanzt werden.

Grundschritt vorwärts (Übergang):

HERR			DAME		
1	**RF**	vorw.	1	**LF**	rückw.
2	**LF**	seitw.	2	**RF**	seitw.
3	**RF**	schl.	3	**LF**	schl.
4	**LF**	vorw.	4	**RF**	rückw.
5	**RF**	seitw.	5	**LF**	seitw.
6	**LF**	schl.	6	**RF**	schl.

Diese Figur kann ebenfalls wiederholt und mit der ersten Grundfigur verbunden werden. Z.B. Grundschritt am Platz mit 4 x $^1/_4$ RD (1–6, 1–6), Grundschritt vorwärts (1–6).

Die fortgeschrittenen Figuren, die auf den folgenden Seiten beschrieben sind, enthalten stärker gedrehte Schritte. Dabei spielen die verschiedenen Drehungsumfänge von Herr und Dame im gleichen Schrittsatz eine große Rolle. Die unterteilt beschriebenen Drehgrade ($^1/_4$ RD, $^1/_8$ RD) bezeichnen den Außenkreis, die zusammenhängenden Drehgrade ($^3/_8$ RD, Körper dreht weniger, Körper vervollständigt die Drehung) den Innenkreis der Bewegung. Der Partner im Außenkreis macht einen größeren Seitwärtsschritt, der im Innenkreis einen kleineren. Durch diese Wechselwirkung sind die Drehungen mühelos und harmonisch tanzbar.
In allen Grundfiguren ist der erste Schritt der Schwunggeber, der zweite macht die Drehung und der dritte ermöglicht die Schwungumwandlung in eine neue Richtung. Je präziser die Füße geschlossen werden, desto eleganter wirken die Beinlinien.

Auswahl der Figuren

Es wurden die populärsten und technisch leichtesten Figuren aus der Palette der Grund- und Medaillenfiguren ausgewählt. Sie sind alle so beschrieben, daß man sie selbständig, nach Baukastenart, zu Übungsfolgen zusammenstellen kann. Grundfiguren sind Natural Turn, Reverse Turn und Closed Changes. Der Bronze-Stufe entsprechen Outside Change und Natural Spin Turn, der Silber-Stufe Whisk und Chasse from Prom. Pos. und der Gold-Stufe Hesitation Change und Weave from Prom. Pos.

Natural Turn

Rechtsdrehung

Vorher: Closed Change LF, Natural Turn in der Ecke; Schritt 1 in GBST a.P.: Outside Change, Chasse from Prom. Pos., Outside Spin, Weave from Prom. Pos., Telemark.

Ausgangsposition: Geschlossene GÜST, Herr Front schräg zur Wand.

HERR:	Schritte	Drehung	Technik	Heben/Senken	Rhythmus	
1	**RF** vorw., *Front schr. z. Wa*	1/4 RD (1–2)	Fe-Ba, *Gegenbew.*	a.E. etw. heben	1/4	1
2	**LF** seitw., *Rücken schr. z. Mi*	1/8 RD (2–3)	Ba, *Neigung R*	weit. heben	1/4	2
3	**RF** schl., *Rücken in TR*		Ba-Fe, *Neigung R*	weit. heben, a.E. senken	1/4	3
4	**LF** rückw., *Rücken in TR*	3/8 RD (4–5)	Ba-Fe, *Gegenbew.*	a.E. etw. heben, n.i.Fuß	1/4	1
5	**RF** seitw. *Fuß zeigt schr. z. Mi*	K.d.w.	Ba, *Neigung L*	weit. heben	1/4	2
6	**LF** schl., *Front schr. z. Mi.*	K.v.RD	Ba-Fe, *Neigung L*	weit. heben, a.E. senken	1/4	3

DAME:	Schritte	Drehung	Technik	Heben/Senken	Rhythmus	
1	**LF** rückw., *Rücken schr. z. Wa*	3/8 RD (1–2)	Ba-Fe, *Gegenbew.*	a.E. etw. heben, n.i. Fuß	1/4	1
2	**RF** seitw., *Fuß zeigt in TR*	K.d.w.	Ba, *Neigung L*	weit. heben	1/4	2
3	**LF** schl., *Front in TR*	K.v.RD	Ba-Fe, *Neigung L*	weit. heben, a.E. senken	1/4	3
4	**RF** vorw., *Front in TR*	1/4 RD (4–5)	Fe-Ba, *Gegenbew.*	a.E. etw. heben	1/4	1
5	**LF** seitw., *Rücken z. Mi*	1/8 RD (5–6)	Ba, *Neigung R*	weit. heben	1/4	2
6	**RF** schl., *Rücken schr. z. Mi*		Ba-Fe, *Neigung R*	weit. heben, a.E. senken	1/4	3

Endposition: Geschlossene GÜST, Herr Front schräg zur Mitte.

Nachher: Closed Change RF, Natural Turn in der Ecke; nach Schritt 3: Outside Change, Impetus Turn, Open Impetus.

3

2

1

6

5

4

Reverse Turn

Linksdrehung

Vorher: Closed Change RF, Hesitation Change; vor Schritt 4: Natural Spin Turn (bei 4–6 ¼ LD), Impetus Turn (bei 4–6 ¼ LD).

Ausgangsposition: Geschlossene GÜST, Herr Front schräg zur Mitte.

HERR:	Schritte	Drehung	Technik	Heben/Senken	Rhythmus	
1	**LF** vorw.,		Fe-Ba,	a.E. etw. heben	¼	1
	Front schr. z. Mi	¼ LD	*Gegenbew.*			
2	**RF** seitw.,		Ba,	weit. heben	¼	2
	Rücken schr. z. Wa	⅛ LD	*Neigung L*			
3	**LF** schl.,		Ba-Fe,	weit. heben,	¼	3
	Rücken in TR		*Neigung L*	a.E. senken		
4	**RF** rückw.,		Ba-Fe,	a.E. etw. heben,	¼	1
	Rücken in TR	⅜ LD	*Gegenbew.*	n.i.Fuß		
5	**LF** seitw.	K.d.w.	Ba,	weit. heben	¼	2
	Fuß zeigt schr. z. Wa		*Neigung R*			
6	**RF** schl.,	K.v.LD	Ba-Fe,	weit. heben,	¼	3
	Front schr. z. Wa		*Neigung R*	a.E. senken		

DAME:	Schritte	Drehung	Technik	Heben/Senken	Rhythmus	
1	**RF** rückw.,		Ba-Fe,	a.E. etw. heben,	¼	1
	Rücken schr. z. Mi	⅜ RD	*Gegenbew.*	n.i. Fuß		
2	**LF** seitw.,	K.d.w.	Ba,	weit. heben	¼	2
	Fuß zeigt in TR		*Neigung R*			
3	**RF** schl.,	K.v.RD	Ba-Fe,	weit. heben,	¼	3
	Front in TR		*Neigung R*	a.E. senken		
4	**LF** vorw.,		Fe-Ba,	a.E. etw. heben	¼	1
	Front in TR	¼ RD	*Gegenbew.*			
5	**RF** seitw.,		Ba,	weit. heben	¼	2
	Rücken z. Wa	⅛ RD	*Neigung L*			
6	**LF** schl.,		Ba-Fe,	weit. heben,	¼	3
	Rücken schr. z. Wa		*Neigung L*	a.E. senken		

Endposition: Geschlossene GÜST, Herr Front schräg zur Wand.

Nachher: Closed Change LF, Whisk, Telemark.

3
2
1
6
5
4

Closed Change RF Geschlossener Übergang RF

Vorher: Natural Turn, Closed Change LF.

Ausgangsposition: Geschlossene GÜST, Herr Front schräg zur Mitte.

HERR:	**Schritte**	**Technik**	**Heben/Senken**	**Rhythmus**	
1	**RF** vorw., *Front schr. z. Mi*	Fe-Ba, *l. Gegenbew.*	a.E. etw. heben	1/4	1
2	**LF** seitw. l. vorw., *Front schr. z. Mi*	Ba, *Neigung R*	weit. heben	1/4	2
3	**RF** schl., *Front schr. z. Mi*	Ba-Fe, *Neigung R*	weit. heben, a.E. senken	1/4	3

DAME:	**Schritte**	**Technik**	**Heben/Senken**	**Rhythmus**	
1	**LF** rückw., *Rücken schr. z. Mi*	Ba-Fe, *l. Gegenbew.*	a.E. etw. heben, n.i. Fuß	1/4	1
2	**RF** seitw. l. rückw., *Rücken schr. z. Mi*	Ba, *Neigung L*	weit. heben	1/4	2
3	**LF** schl., *Rücken schr. z. Mi*	Ba-Fe, *Neigung L*	weit. heben, a.E. senken	1/4	3

Hinweis: Für Anfänger kann Closed Change RF auch in Tanzrichtung und im Wechsel mit Closed Change LF getanzt werden.

Endposition: Geschlossene GÜST, Herr Front schräg zur Mitte.

Nachher: Reverse Turn, Closed Change LF, Telemark.

3

2

1

Closed Change LF — Geschlossener Übergang LF

Vorher: Reverse Turn, Closed Change RF.

Ausgangsposition: Geschlossene GÜST, Herr Front schräg zur Wand.

HERR:	Schritte	Technik	Heben/Senken	Rhythmus	
1	**LF** vorw., *Front schr. z. Wa*	Fe-Ba, *l. Gegenbew.*	a.E. etw. heben	¼	1
2	**RF** seitw. l. vorw., *Front schr. z. Wa*	Ba, *Neigung L*	weit. heben	¼	2
3	**LF** schl., *Front schr. z. Wa*	Ba-Fe, *Neigung L*	weit. heben, a.E. senken	¼	3

DAME:	Schritte	Technik	Heben/Senken	Rhythmus	
1	**RF** rückw., *Rücken schr. z. Wa*	Ba-Fe, *l. Gegenbew.*	a.E. etw. heben, n.i. Fuß	¼	1
2	**LF** seitw. l. rückw., *Rücken schr. z. Wa*	Ba, *Neigung R*	weit. heben	¼	2
3	**RF** schl., *Rücken schr. z. Wa*	Ba-Fe, *Neigung R*	weit. heben, a.E. senken	¼	3

Hinweis: Für Anfänger kann Closed Change LF auch in Tanzrichtung und im Wechsel mit Closed Change RF getanzt werden.

Endposition: Geschlossene GÜST, Herr Front schräg zur Wand.

Nachher: Natural Turn, Closed Change RF, Natural Spin Turn, Hesitation Change.

Outside Change

Außenseitlicher Wechsel

Vorher: Natural Turn 1–3 (Ende Rücken schräg zur Mitte).

Ausgangsposition: Geschlossene GÜST, Herr Rücken schräg zur Mitte.

HERR:	Schritte	Drehung	Technik	Heben/Senken	Rhythmus	
1	**LF** rückw., *Front schr. z. Mi*		Ba-Fe	a.E. etw. heben n.i.Fuß	¼	1
2	**RF** rückw., *Rücken schr. z. Mi*	¼ LD K.d.w. (2–3)	Ba, *Gegenbew.*	weit. heben	¼	2
3	**LF** seitw. l. vorw., *Fuß zeigt schr. z. Wa*		Ba-Fe	hoch, a. E. senken	¼	3

DAME:	Schritte	Drehung	Technik	Heben/Senken	Rhythmus	
1	**RF** vorw., *Front schr. z. Mi*		Fe-Ba	a.E. etw. heben	¼	1
2	**LF** vorw., *Front schr. z. Mi*	¼ LD K.d.w. (2–3)	Ba, *Gegenbew.*	weit. heben	¼	2
3	**RF** seitw. l. rückw., *Fuß zeigt schr. z. Wa*		Ba-Fe	hoch, a.E. senken	¼	3

Hinweise: Schritt 1 jeder nachfolgenden Figur wird für den Herrn RF vorwärts in GBST a.P., für die Dame LF rückwärts in GBST getanzt.
Der Outside Change ähnelt der Weave 4–6 (außer Schritt 1 a.P.).

Endposition: Geschlossene GÜST, Herr Front schräg zur Wand.

Nachher: Natural Turn (Schritt 1 a.P.), Natural Spin Turn (Schritt 1 a.P.), Hesitation Change (Schritt 1 a.P.).
Falls die Figur in Promenadenstellung endet (Dame keine Drehung oder nur ⅛ Fußdrehung): Weave from Prom.Pos., Chasse from Prom.Pos.

2

1

Nachher

3

Natural Spin Turn

Rechtskreisel

Vorher: Closed Change LF, Natural Turn in der Ecke; Schritt 1 in a.P.: Outside Change, Chasse from Prom.Pos., Weave from Prom.Pos., Telemark.

Ausgangsposition: Geschlossene GÜST, Herr Front schräg zur Wand.

HERR:	**Schritte**	**Drehung**	**Technik**	**Heben/Senken**	**Rhythmus**	
1	**RF** vorw.,		Fe-Ba,	a.E. etw. heben	1/4	1
	Front schr. z. Wa.	1/4 RD	*Gegenbew.*			
2	**LF** seitw.,		Ba,	weit. heben	1/4	2
	Rücken schr. z. Mi	1/8 RD	*Neigung R*			
3	**RF** schl.,		Ba-Fe,	weit. heben,	1/4	3
	Rücken in TR		*Neigung R*	a.E. senken		
4	**LF** rückw.,					
	entl. der TR	1/2 RD	Ba-Fe-Ba,	flach	1/4	4
	Fußspitze	Achsendr.	*Gegenbew.*			
	einwärts dr.					
5	**RF** vorw. in GBST,		Fe		1/8	5
	Front in TR		*Gegenbew.*			
u.		3/8 RD	Ba	a.E. heben	1/8	u.
6	**LF** seitw. l. rückw.		Ba-Fe	hoch,	1/4	6
	Rücken schr.z.Mi			a.E. senken		
DAME:	**Schritte**	**Drehung**	**Technik**	**Heben/Senken**	**Rhythmus**	
1	**LF** rückw.,		Ba-Fe,	a.E. etw. heben	1/4	1
	Rücken schr. z. Wa	3/8 RD	*Gegenbew.*	*n. i. Fuß*		
2	**RF** seitw.,	K.d.w.	Ba,	weit. heben	1/4	2
	Fuß in TR		*Neigung L*			
3	**LF** schl.,	K.v. RD	Ba-Fe,	weit. heben,	1/4	3
	Front in TR		*Neigung L*	a.E. senken		
4	**RF** vorw.,	1/2 RD	Fe-Ba,	flach	1/4	4
	Front in TR	achs.art.	*Gegenbew.*			
5	**LF** rückw. l. n. L,		Ba		1/8	5
	Rücken in TR					
u.	**RF** o.Gew. fast schl.			a.E. heben	1/8	u.
	(Brush)	3/8 RD				
6	**RF** diag.vorw.		Ba-Fe	hoch	1/4	6
	Front schr. z. Mi			a.E. senken		

Hinweise: Der Herr läßt bei 4 die Ferse während der ganzen Drehung in Berührung mit dem Boden. Bei Natural Spin Turn in der Ecke ist der Drehungsumfang 3/8 RD bei Schritt 4 und 1/4 RD zwischen Schritt 5 und 6. Die Dame läßt beim Brush den rechten Ballen in Bodenberührung.

Endposition: Geschlossene GÜST, Herr Front schräg zur Mitte.

Nachher: Reverse Turn 4–6.

Whisk

Wischer

Vorher: Reverse Turn.

Ausgangsposition: Geschlossene GÜST, Herr Front schräg zur Wand.

HERR:	Schritte	Drehung	Technik	Heben/Senken	Rhythmus	
1	**LF** vorw., *Front schr.z.Wa*		Fe-Ba, *l. Gegenbew.*	a.E. etw. heben	¼	1
2	**RF** seitw. l. vorw., *Front schr.z.Wa*		Ba, *Neigung L*	weit. heben	¼	2
3	**LF** hinterkreuzen in Prom.St., *Front schr.z.Wa*		Ba-Fe, *Neigung L*	hoch, a.E. senken	¼	3

DAME:	Schritte	Drehung	Technik	Heben/Senken	Rhythmus	
1	**RF** rückw., *Rücken schr.z.Wa*	¼ RD K.d.w. (1–2)	Ba-Fe	a.E. etw. heben, n.i.Fuß	¼	1
2	**LF** diag. rückw., *Fuß schr.z.Mi*		Ba, *Neigung R*	weit. heben	¼	2
3	**RF** hinterkreuzen in Prom.St., *Front schr.z.Mi*	K.v.RD	Ba-Fe *Neigung R*	hoch, a.E.	¼	3

Hinweise: Whisk kann auch als Eckenfigur getanzt werden (Herr ⅛ LD zwischen Schritt 1 und 2, ⅛ LD zwischen Schritt 2 und 3), ebenso kann Whisk auf der Längsseite ausgeführt werden, so daß der Herr Front schräg zur Mitte endet.
Beim Whisk sollen die Füße so eng wie möglich hintergekreuzt werden.

Endposition: Promenadenstellung, Bewegung geht in Tanzrichtung.

Nachher: Chasse from Prom.Pos., Weave from Prom.Pos.

2

1

3

Chasse from Prom.Pos.

Chassé aus Promenadenstellung

Vorher: Whisk, Open Telemark (s. Slowfox Seite 128/129, 130).

Ausgangsposition: Promenadenstellung, Bewegung geht in Tanzrichtung.

HERR:	Schritte	Drehung	Technik	Heben/Senken	Rhythmus	
1	**RF** vorkreuzen in Prom.St. u. GBST, *Front schr. z. Wa, Bew. geht in TR*		Fe-Ba, *Gegenbew.*	a.E. etw. heben	1/4	1
2	**LF** seitw. l. vorw., *Front schr. z. Wa*		Ba	weit. heben	1/8	2
3	**RF** schl., *Front schr. z. Wa*		Ba	weit. heben	1/8	u.
4	**LF** seitw. l. vorw., *Front schr. z. Wa*		Ba-Fe	hoch, a.E. senken	1/4	3

DAME:	Schritte	Drehung	Technik	Heben/Senken	Rhythmus	
1	**LF** vorkreuzen in Prom.St. u. GBST, *Front schr. z. Mi, Bew. geht in TR*	1/8 LD (zwischen 1 und 2)	Fe-Ba, *Gegenbew.*	a.E. etw. heben	1/4	1
2	**RF** seitw., *Rücken z. Wa*	1/8 LD (zwischen 2 und 3)	Ba	weit. heben	1/8	2
3	**LF** schl., *Rücken schr. z. Wa*	K.d.w.	Ba	weit. heben	1/8	u.
4	**RF** seitw. l. rückw., *Rücken schr. z. Wa*		Ba-Fe	hoch, a.E. senken	1/4	3

Endposition: Geschlossene GÜST, Herr Front schräg zur Wand.

Nachher: Natural Turn (Schritt 1 a.P.), Natural Spin Turn (Schritt 1 a.P.), Hesitation Change (Schritt 1 a.P.).

1

4

3

2

Nach-
her

Hesitation Change

Zögerwechsel

Vorher: Closed Change LF, Outside Change (Schritt 1 a.P.), Chasse from Prom.Pos. (Schritt 1 a.P.), Weave from Prom.Pos. (Schritt 1 a.P.), Telemark (Schritt 1 a.P.).

Ausgangsposition: Geschlossene GÜST, Herr Front schräg zur Wand.

HERR:	**Schritte**	**Drehung**	**Technik**	**Heben/Senken**	**Rhythmus**
1	**RF** vorw.,		Fe-Ba,	a.E. etw. heben	1/4 1
	Front schr. z. Wa	1/4 RD	*Gegenbew.*		
2	**LF** seitw.,		Ba,	weit. heben	1/4 2
	Rücken schr. z. Mi	1/8 RD	*Neigung R*		
3	**RF** schl.,		Ba-Fe,	weit. heben,	1/4 3
	Rücken in TR		*Neigung R*	a.E. senken	
4	**LF** rückw.,		Ba-Fe,		1/4 1
	Rücken in TR	3/8 RD	*Gegenbew.*		
5	**RF** kl. seitw.		Fe, JKa Fuß, gF,		1/4 2
	(Fersenzug)		*Neigung L*		
	Front schr. z. M				
6	**LF** o. Gew. fast schl.		JKa Ba,		1/4 3
	(Brush)		*Neigung L*		
	Front schr. z. Mi				

DAME:	**Schritte**	**Drehung**	**Technik**	**Heben/Senken**	**Rhythmus**
1	**LF** rückw.,		Ba-Fe,	a.E. etw. heben,	1/4 1
	Rücken schr. z. Wa	3/8 RD	*Gegenbew.*	n.i. Fuß	
2	**RF** seitw.,	K.d.w.	Ba,	weit. heben	1/4 2
	Fuß zeigt in TR		*Neigung L*		
3	**LF** schl.,	K.v.RD	Ba-Fe,	weit. heben,	1/4 3
	Front in TR		*Neigung L*	a.E. senken	
4	**RF** vorw.,		Fe-Ba,		1/4 1
	Front in TR	3/8 RD	*Gegenbew.*		
5	**LF** seitw.,		Ba-Fe,		1/4 2
	Rücken schr. z. Mi		*Neigung R*		
6	**RF** o. Gew.		JK Ba,		1/4 3
	fast schl. (Brush)		*Neigung R*		
	Rücken schr. z. Mi				

Endposition: Geschlossene GÜST, Herr Front schräg zur Mitte.

Nachher: Reverse Turn, Closed Change LF in der Ecke, Whisk in der Ecke, Telemark.

Weave from Prom.Pos.

Flechte aus Promenadenstellung

Vorher: Whisk und Open Impetus (Ende Front schräg zur Mitte).

Ausgangsposition: Promenadenstellung, Bewegung geht schräg zur Mitte.

HERR:	Schritte	Drehung	Technik	Heben/Senken	Rhythmus
1	**RF** vorkreuzen in		Fe-Ba	a.E. etw. heben	1/4 1
	Prom.St. u. GBST,				
	Fuß z. Mi				
	Front schr. z. Mi				
2	**LF** vorw.,		Ba,	weit. heben	1/4 2
	Front z. Mi	} 1/4 LD	*Gegenbew.*		
3	**RF** seitw. l. rückw.,		Ba-Fe	hoch,	1/4 3
	Rücken in TR	} 1/8 LD		a.E. senken	
4	**LF** rückw. in GBST,		Ba-Fe	a.E. etw. heben,	1/4 1
	Rücken schr. z. Mi			n.i.Fuß	
5	**RF** rückw.,		Ba,	weit. heben	1/4 2
	Rücken schr. z. Mi	} 1/4 LD	*Gegenbew.*		
6	**LF** seitw. l. vorw.,	K.d.w.	Ba-Fe	hoch,	1/4 3
	Fuß schr. z. Wa			a.E. senken	

DAME:	Schritte	Drehung	Technik	Heben/Senken	Rhythmus
1	**LF** vorw. in		Fe-Ba,	a.E. etw. heben	1/4 1
	Prom.St. u. GBST,		*Gegenbew.*		
	Front schr. z. Mi				
	GTR	} 1/4 LD			
2	**RF** seitw. l. rückw.,		Ba	weit. heben	1/4 2
	Rücken schr. z. Mi	} 1/2 LD			
3	**LF** seitw. l. vorw.,	K.d.w.	Ba-Fe	hoch,	1/4 3
	Fuß zeigt schr. z. Mi		a.E. senken		
4	**RF** vorw. in GBST a.P.,		Fe-Ba	a.E. etw. heben	1/4 1
	Front schr. z. Mi				
5	**LF** vorw.,		Ba,	weit. heben	1/4 2
	Front schr. z. Mi	} 1/4 LD	*Gegenbew.*		
6	**RF** seitw. l. rückw.,	K.d.w.	Ba-Fe	hoch,	1/4 3
	Rücken schr. z. Wa			a.E. senken	

Endposition: Geschlossene GÜST, Herr Front schräg zur Wand.

Nachher: Natural Turn (Schritt 1 a.P.), Natural Spin Turn (Schritt 1 a.P.), Hesitation Change (Schritt 1 a.P.), Chasse from Prom.Pos.

Open Impetus

Offener Impetus

Vorher: Natural Turn 1-3.

Hinweise: Diese Figur kann in mehreren Tänzen getanzt werden. Sie ist auf Seite 120 im Slowfox ausführlich beschrieben und kann weitgehend auf den Langsamen Walzer übertragen werden. Der Rhythmus im Langsamen Walzer ist 1, 2, 3.

Nachher: Chasse from Prom.Pos., Weave from Prom.Pos.

Telemark

Telemark

Vorher: Closed Change RF, Reverse Turn 4-6 (Ende schräg zur Mitte), Hesitation Change.

Hinweise: Diese Figur kann in mehreren Tänzen getanzt werden. Sie ist auf Seite 128 im Slowfox ausführlich beschrieben und kann weitgehend auf den Langsamen Walzer übertragen werden. Der Rhythmus im Langsamen Walzer ist 1, 2, 3.

Nachher: Natural Turn, Closed Change RF, Hesitation Change.

Figurenfolgen

Aus den bisherigen Figuren werden drei Figurenfolgen vorgeschlagen. Sie sind so zusammengestellt, daß sie entweder in sich wiederholt oder dem Leistungsstand entsprechend auch hintereinander getanzt werden können.

Figuren		Schritte	Takte
Folge 1			
Natural Turn	→ Seite 22	(1–6)	2
Closed Change RF	→ Seite 26	(1–3)	1
Reverse Turn	→ Seite 24	(1–6)	2
Closed Change LF	→ Seite 27	(1–3)	1
Natural Turn	→ Seite 22	(1–3)	1
Outside Change	→ Seite 28	(1–3)	1
Natural Spin Turn	→ Seite 30	(1–6)	2
Reverse Turn	→ Seite 24	(4–6, 1–6)	3
Closed Change LF	→ Seite 27	(1–3)	1
			14
Folge 2			
Natural Turn	→ Seite 22	(1–3)	1
Outside Change	→ Seite 28	(1–3)	1
Natural Spin Turn	→ Seite 30	(1–6)	2
Reverse Turn	→ Seite 24	(4–6, 1–6)	3
Whisk	→ Seite 32	(1–3)	1
Chasse from Prom. Pos. (nächster Schritt a.P.)	→ Seite 34	(1–4)	1
			9
Folge 3			
Natural Turn	→ Seite 22	(1–3)	1
Open Impetus	→ Seite 41	(1–3)	1
Weave from Prom. Pos.	→ Seite 38	(1–6)	2
Hesitation Change	→ Seite 36	(1–6)	2
Telemark (nächster Schritt a.P.)	→ Seite 41	(1–3)	1
			7

Kerstin Zoelfel und Andreas Schultz, Erlangen

Wiener Walzer

Woher kommt der Wiener Walzer?

Der Walzer hat von allen Gesellschaftstänzen die längste Tradition. Sein Name kommt übrigens von dem deutschen Wort »waltzen« und bezieht sich auf die drehenden Bewegungen der Füße, die über den Boden schleifen (Dreher, Schleifer). Mit seinen Vorläufern läßt sich der Walzer bis ins 12./13. Jahrhundert, der Minnesängerzeit, zurückverfolgen. In dem deutschen »Springtanz«, der als ungeradtaktiger Tanzteil dem zweitaktigen, geschrittenen Vortanz folgte, kann man den Anfang des Walzers erkennen.

Die meisten Tanzhistoriker führen den Walzer auf den alten Dreher oder Ländler ab dem 16. Jahrhundert zurück. In Süddeutschland und in Österreich wurde er vom Volk ohne Tanzmeister getanzt. Es war ein Rundtanz im $^{3}/_{4}$- oder $^{3}/_{8}$-Takt, bei dem sich die Paare umfaßten und um sich selbst drehten, wobei sie einen imaginären Mittelpunkt umkreisten. Dieser langsame Tanz wurde bis Anfang dieses Jahrhunderts in Stadt und Land getanzt.

Eine zweite Version sieht die Entstehung des Walzers in dem sog. »Langaus«, einem Tanz, bei dem die Tänzer einen sehr langen Raum mit den wenigsten Drehungen zu durchtanzen hatten. Die fortwährenden Verbote der Obrigkeit bis ins 18. Jahrhundert waren gegen diesen Tanz gerichtet. Bestraft wurde das Verdrehen, »das Herumschwenken und Wirbeln, das Hochwerfen und Umstoßen« der Partnerin.

Um 1750 findet sich das Wort »walzen« als Tanzform in einer Wiener Stegreifkomödie. 1770 berichtete Johann Wolfgang von Goethe über seine Erfahrungen mit dem »deutschen Tanz«, und 1782 veröffentlichte Carl von Zangen das Buch »Etwas über das Walzen«. Aufsehen erregten 1787 vier Personen, die in Wien bei der italienischen Oper »Una cosa rara« den ersten Walzer tanzten; allerdings wird bezweifelt, daß dort der Walzer »kreiert« wurde. Am preußischen Hof lernte man 1794 den Walzer, so auch die spätere Königin Luise von Preußen, die allerdings nicht davon entzückt war und ihn verbot (in Berlin galt das Verbot bis 1918). Dagegen wurde er auf Münchner Bällen gespielt und getanzt. Seinen Siegeszug trat der Walzer nach dem Wiener Kongreß (1815) an. Nicht wenig daran beteiligt waren die berauschenden Walzermelodien von Lanner und der Strauß-Dynastie.

Der Wiener Walzer, bestehend aus sechs Schritten auf zwei $^{3}/_{4}$-Takte verteilt und mit einer vollständigen Drehung verbunden, setzte sich durch, allerdings mit der damals noch üblichen Ballett-Technik.

Deutschland blieb der Mittelpunkt des Walzergeschehens bis in die zwanziger Jahre, als dann generell für ca. ein Jahrzehnt ein Walzersterben zugunsten moderner, dynamischer Tanzformen einsetzte. In England war der Wiener Walzer nie heimisch geworden. Als Volkstanz wurde der Walzer mit Beginn der dreißiger Jahre vor allem im 3. Reich in Deutschland und Österreich wiederentdeckt. Der österreichische k.u.k.-Offizier und Tanzlehrer Karl von Mirkowitsch machte den Wiener Walzer wieder gesellschafts- und turnierfähig. Dem Nürnberger Tanzlehrer Paul Krebs ist es zu verdanken, daß 1951 die Verbindung von der altösterreichischen Walzertradition und dem englischen Stil hergestellt und der Wiener Walzer als gleichberechtigter Standardtanz anerkannt wurde. Die von ihm niedergelegte Technik wurde im Laufe der Jahre vom Fachausschuß Tanz des ADTV mehrmals geringfügig revidiert.

Umschlagbild einer Walzerauslese von Johann Strauß Sohn

Wie tanzt man Wiener Walzer?

Der **tänzerische Charakter** des Wiener Walzers äußert sich in schnellen, gleichmäßigen, fliehenden, raumgreifenden Schritten und rotierenden, spiral- oder ellipsenförmigen Drehbewegungen, die bruchlos über die Tanzfläche walzen. Das Paar schwingt fast wie ein Perpetuum mobile: Beim Natural Turn beispielsweise wird der Impuls auf den ersten Schritt (1) gegeben und der Körper in Schwung versetzt. Jetzt muß man nur noch den Schwung laufen lassen (2, 3). Beim nächsten Schrittsatz wird kein neuer »Schub«, sondern nur noch »Nachschub« (4) gegeben. Bei den nächsten Schritten (5, 6) läßt man den Schwung wieder ausklingen.
Der starke Seitwärtsschwung auf den Schritten 2 und 5 sorgt für die raumgreifende Wirkung und das möglichst präzise Schließen der Füße bei 3, und 6 vollendet und kontrolliert die schnellen Drehungen.
Ein Schrittsatz (1, 2, 3) fällt – wie beim Langsamen Walzer – mit einem ganzen Takt in der Musik (1, 2, 3) zusammen.

Geschlossene Tanzhaltung

In **geschlossener Gegenüberstellung** stehen sich die Partner frontal und jeweils leicht nach links versetzt gegen-

über. Die Füße sind parallel geschlossen, wobei der rechte Fuß des einen Partners zwischen die Füße des anderen zeigt, sie aber nicht berührt. Das Körpergewicht ruht auf dem vorderen Teil des Standfußes, während der andere Fuß unbelastet herangeschlossen ist. Die Knie sind »weich gestreckt«, das bedeutet, nicht durchgedrückt, sondern flexibel und bewegungsbereit.
In der Seitenansicht verläuft eine senkrechte Linie durch Ohr, Schulter, Hüfte, Knie und Ballen des Standfußes. Körperkontakt haben beide Partner zwischen dem unteren Rippenbogen und der Leistengegend auf der rechten Körperfront, entsprechend dem jeweiligen Größenverhältnis.
Die Schulterlinien verlaufen parallel; auch in der Bewegung, bei Vorwärts-, Rückwärts-, Seitwärts- und außenseitlichen Schritten sollte die geschlossene Gegenüberstellung nicht verändert werden.
Die Armhaltung dient der Balance und der Erhaltung des Körperkontaktes. Keiner darf durch Festhalten beim Partner das Gleichgewicht suchen.
Die rechte Hand des Herrn liegt mit geschlossenen Fingern und leichtem Druck etwas unterhalb des linken Schulterblattes der Dame. Sein rechter Unterarm sollte vom Ellenbogen aus schräg nach unten gehalten werden, das Handgelenk darf nicht abknicken. Seine Finger bilden mit dem rechten Unterarm eine gerade Linie.
Die Dame legt ihre linke Hand ohne Gewicht auf seinen rechten unteren Oberarm. Sie imitiert mit ihrem linken Unterarm seine rechte Oberarmlinie und verlängert sie nach außen. Seine linke Hand umfaßt ihre rechte Hand so, daß die vier Finger seiner Hand auf ihrem rechten Handrücken ruhen, die beiden Daumen gekreuzt sind und ein kleiner Luftraum zwischen den gefaßten Händen entsteht.
Arme und Ellenbogen werden seitlich vom Körper weggehalten und leicht nach vorne geneigt. Je nach Größenverhältnis befinden sich die gefaßten Hände zwischen der Augenhöhe der Partner. Beide schauen über die rechte Schulter des Partners nach außen.

Musik: Schnell fließend, temperamentvoll, schwingend, treibend, schwungvoll mit Betonung auf den ersten Taktschlag; typisch sind die vielen Streichinstrumente.

Takt: $3/4$

			1 Takt			1 Takt	
Rhythmus:	Notenwerte	$1/4$	$1/4$	$1/4$	$1/4$	$1/4$	$1/4$
	Zählweise	1	2	3	1	2	3

Tempo: Je nach Können sind 50–60 Takte pro Minute möglich.
Im Turnier: 60 Takte pro Minute.

Technik

Der Wiener Walzer ist ein Tanz mit starken Höhen und Tiefen. Das sanft beginnende, sich in die Höhe schraubende Heben und das kontrollierte Senken sind charakteristisch.
Es ist darauf zu achten, daß kein »Plumps-Effekt« beim Senken und kein Schulternhochziehen beim Heben entsteht.
Die Gegenbewegungen sind für diesen Tanz wichtige »Schwungholer« vor den jeweiligen Drehungen.
Sie sollen sich harmonisch aus der vorhergehenden Bewegung entwickeln und dürfen nicht ruckartig oder künstlich erzeugt werden. Mit Hilfe der Neigungen gelingt es dem Tänzer, ähnlich einem Rennfahrer in einer überhöhten Kurve, den Drehschwung zu kontrollieren und die Balance zu halten, ohne aus der Kurve getragen zu werden. (Gegenbewegung und Neigung s. Seite 15.)

Grundbewegungen

Anfänger sollten zuerst die Figur Natural Turn (1–6, 1–6) mit 4 x ¼ RD und das Pendulum (1–4, 1–4) üben. Erst später kann auf 4 x ½ RD ausgedehnt werden. Mit der Reverse Turn sollte ebenfalls erst in ¼ LD begonnen werden. Erst wenn beide Richtungen in halben Drehungen beherrscht werden, sollten die Übergangsschritte dazugetanzt werden.
In allen Figuren ist der erste Schritt der Schwunggeber, der zweite bringt den Raumgewinn, und der dritte ermöglicht mit dem für den Walzer typischen Schließen der Füße bei 3 die Schwungumwandlung in eine neue Richtung. Drehaktion ist in jedem der Schritte enthalten, das gibt dem Wiener Walzer diese unaufhörliche Rotationsbewegung.
Eine große Rolle spielen die verschiedenen Drehungsumfänge von Herrn und Dame, im gleichen Schrittsatz.
Die unterteilt beschriebenen Drehgrade (⅛ RD, ¼ RD) bezeichnen den Außenkreis, die zusammenhängenden Drehgrade (⅜ RD, Körper dreht weniger, Körper vervollständigt die Drehung) den Innenkreis der Bewegung. Der Partner im Außenkreis macht einen größeren Seitwärtsschritt, der im Innenkreis einen kleineren. Nur so kann man mühelos die schnellen Drehungen meistern.
Je genauer die Füße geschlossen werden, desto eleganter wirken die Beinlinien im Wiener Walzer.

Auswahl der Figuren

Der Wiener Walzer hat nur wenige Figuren; sie werden fast alle in diesem Buch beschrieben. Auf die schwierigste Figur, das sogenannte »Fleckerl«, das sogar von Turnierpaaren erst ab der Klasse B getanzt wird, wurde hier verzichtet. Diese Figur ist in keinem Programm irgendeines Tanzabzeichens enthalten.
Alle Figuren sind so beschrieben, daß man sie selbständig, nach Baukastenart, zu Übungsfolgen zusammenstellen kann: Natural Turn, Reverse Turn, Pendulum, Change from Right to Left, Change from Left to Right.

Natural Turn

Rechtsdrehung

Vorher: Natural Turn, Pendulum 3-4, Change from Left to Right.

Ausgangsposition: Geschlossene GÜST, Herr Front schräg zur Mitte.

HERR:	Schritte	Drehung	Technik	Heben/Senken	Rhythmus	
–	**LF** vorang. Schritt	1/8 RD				
1	**RF** vorw.,		Fe-Ba,	a.E. etw. heben	1/4	1
	entl. TR	1/4 RD	*Gegenbew.*			
2	**LF** seitw.,		Ba,	hoch	1/4	2
	Rücken zur Mi	1/8 RD	*Neigung R*			
3	**RF** schl.,		Ba-Fe,	hoch,	1/4	3
	Rücken schr. z. Mi	1/8 RD	*Neigung R*	a.E. senken		
4	**LF** rückw. l. seitw.,		Ba-Fe,	a.E. etw. heben	1/4	1
	Rücken in TR	3/8 RD	*Gegenbew.*	n.i.Fuß		
5	**RF** seitw.,	K.d.w.	Ba,	hoch	1/4	2
	Fuß zeigt schr. z. Mi		*Neigung L*			
6	**LF** schl.,	K.v.RD	fl. Ba-Fe,	hoch,	1/4	3
	Front schr. z. Mi		*Neigung L*	a.E. senken		

DAME:	Schritte	Drehung	Technik	Heben/Senken	Rhythmus	
–	**RF** vorang. Schritt	1/8 RD				
1	**LF** schr. rückw.,		Ba-Fe,	a.E. etw. heben,	1/4	1
	Rücken in TR	3/8 RD	*Gegenbew.*	n.i.Fuß		
2	**RF** seitw.,	K.d.w.	Ba,	hoch	1/4	2
	Fuß schr. z. Mi		*Neigung L*			
3	**LF** schl.,	K.v.RD	fl. Ba-Fe,	hoch,	1/4	3
	Front schr. z. Mi	1/8 RD	*Neigung L*	a.E. senken		
4	**RF** vorw.,		Fe-Ba,	a.E. etw. heben	1/4	1
	entl. TR	1/4 RD	*Gegenbew.*			
5	**LF** seitw.,		Ba,	hoch	1/4	2
	Rücken z. Mi	1/8 RD	*Neigung R*			
6	**RF** schl.,		Ba-Fe,	hoch,	1/4	3
	Rücken schr. z. Mi		*Neigung R*	a.E. senken		

Endposition: Geschlossene GÜST, Herr Front schräg zur Mitte.

Nachher: Natural Turn, Pendulum 1-2 oder 1-4, Change from Right to Left.

Ausgangsposition

1

2

3

4

5

6

Reverse Turn

Linksdrehung

Vorher: Reverse Turn, Pendulum 1-2, Change from Right to Left.

Ausgangsposition: Geschlossene GÜST, Herr Front in Tanzrichtung.

HERR:	**Schritte**	**Drehung**	**Technik**	**Heben/Senken**	**Rhythmus**	
1	**LF** vorw.,	beg. LD	Fe-Ba,	a.E. etw. heben	1/4	1
	Front in TR	1/4 LD	*Gegenbew.*			
2	**RF** seitw. l. rückw.		Ba,	hoch	1/4	2
	Rücken z. Wa	1/4 LD	*Neigung L*			
3	**LF** vorkreuzen,		Ba-Fe,	hoch,	1/4	3
	Rücken in TR		*Neigung L*	a.E. senken		
4	**RF** rückw. l. seitw.,	weiterdr.	Ba-Fe,	a.E. etw. heben	1/4	1
	Rücken in TR	etw. über	*Gegenbew.*	n.i.Fuß		
		3/8 LD				
5	**LF** seitw.,	K.d.w.	Ba,	hoch	1/4	2
	Fuß zeigt fast	fast	*Neigung R*			
	in TR	1/8 LD				
6	**RF** schl.,	K.v.LD	flach,	hoch,	1/4	3
	Front in TR		*Neigung R*	a.E. senken		

DAME:	**Schritte**	**Drehung**	**Technik**	**Heben/Senken**	**Rhythmus**	
1	**RF** rückw. l. seitw.,	beg. LD	Ba-Fe,	a.E. etw. heben,	1/4	1
	Rücken in TR	etw. über	*Gegenbew.*	n.i.Fuß		
		3/8 LD				
2	**LF** seitw.,	K.d.w.	Ba,	hoch	1/4	2
	Fuß zeigt fast	fast	Neigung R			
	in TR	1/8 LD				
3	**RF** schl.,	K.v.LD	flach	hoch,	1/4	3
	Front in TR		*Neigung R*	a.E. senken		
4	**LF** vorw.,	weiterdr.	Fe-Ba,	a.E. etw. heben	1/4	1
	Front in TR	1/4 LD	*Gegenbew.*			
5	**RF** seitw. l. rückw.,		Ba,	hoch	1/4	2
	Rücken z. Wa	1/4 LD	*Neigung L*			
6	**LF** vorkreuzen,		Ba-Fe,	hoch,	1/4	3
	Rücken in TR		*Neigung L*	a.E. senken		

Endposition: Geschlossene GÜST, Herr Front in Tanzrichtung.

Nachher: Reverse Turn, Pendulum 3–4, Change from Left to Right.

Ausgangsposition

a.E. 1

2

3

4

5

6

Pendulum

Pendel

Vorher: Vor Schritt 1: Natural Turn. Vor Schritt 3: Reverse Turn, Pendulum.
Ausgangsposition: Geschlossene GÜST, alle Tanzrichtungen möglich.

HERR:	**Schritte**	**Technik**	**Rhythmus**
1	**RF** seitw.	flach	¼ 1
2	**LF** langs. o. Gew. schl.	JKa Ba	½ 2, 3
3	**LF** seitw.	flach	¼ 1
4	**RF** langs. o. Gew. schl.	JKa Ba	½ 2, 3

DAME:	**Schritte**	**Technik**	**Rhythmus**
1	**LF** seitw.	flach	¼ 1
2	**RF** langs. o. Gew. schl.	JKa Ba	½ 2, 3
3	**RF** seitw.	flach	¼ 1
4	**LF** langs. o. Gew. schl.	JKa Ba	½ 2, 3

Endposition: Geschlossene GÜST, alle Tanzrichtungen möglich.
Nachher: Nach Schritt 4: Natural Turn. Nach Schritt 2: Reverse Turn, Pendulum.

Hinweise zur Figurenfolge:

1. Natural Turn, Pendulum 1-4, 1-4, Natural Turn.
2. Reverse Turn, Pendulum 3-4, 1-4, 1–2, Reverse Turn.
3. Pendulum 1-4, 1-2 = Übergang von Natural Turn zu Reverse Turn.
4. Pendulum 3-4, 1-2 = Übergang von Reverse Turn zu Natural Turn.

Change from Right to Left

Übergang von rechts nach links

Vorher: Natural Turn.

Ausgangsposition: Geschlossene GÜST, Herr Front schräg zur Mitte.

HERR:	Schritte	Drehung	Technik	Heben/Senken	Rhythmus	
1	**RF** vorw., *Front schr.z.Mi*	beg. RD	Fe-Ba, *Gegenbew.*	a.E. etw. heben	1/4	1
2	**LF** vorw., *nach R kurvend*	1/8 RD	Ba, *Neigung R*	hoch	1/4	2
3	**RF** schl., *Front in TR*		Ba-Fe, *Neigung R*	hoch, a.E. senken	1/4	3

DAME:	Schritte	Drehung	Technik	Heben/Senken	Rhythmus	
1	**LF** rückw., *Rücken schr.z.Mi*	beg. RD	Ba-Fe, *Gegenbew.*	a.E. etw. heben, n.i.Fuß	1/4	1
2	**RF** rückw., *nach R kurvend*	1/8 RD	Ba, *Neigung L*	hoch	1/4	2
3	**LF** schl., *Rücken in TR*		Ba-Fe, *Neigung L*	hoch, a.E. senken	1/4	3

(The 1/8 RD turn is bracketed across steps 1–3.)

Endposition: Geschlossene GÜST, Herr Front in Tanzrichtung.

Nachher: Reverse Turn.

Abbildungen s. Seite 55.

Change from Left to Right

Übergang von links nach rechts

Vorher: Reverse Turn.

Ausgangsposition: Geschlossene GÜST, Herr Front in Tanzrichtung.

HERR:	Schritte	Drehung	Technik	Heben/Senken	Rhythmus	
1	**LF** vorw., *Front in TR*	beg. LD	Fe-Ba, *Gegenbew.*	a.E. etw. heben	1/4	1
2	**RF** vorw., *nach L kurvend*	1/8 LD	Ba, *Neigung L*	hoch	1/4	2
3	**LF** schl., *Front schr. z. Mi*		Ba-Fe, *Neigung L*	hoch, a.E. senken	1/4	3

DAME:	Schritte	Drehung	Technik	Heben/Senken	Rhythmus	
1	**RF** rückw., *Rücken in TR*	beg. LD	Ba-Fe, *Gegenbew.*	a.E. etw. heben, n.i.Fuß	1/4	1
2	**LF** rückw., *nach L kurvend*	1/8 LD	Ba, *Neigung R*	hoch	1/4	2
3	**RF** schl., *Rücken schr. z. Mi*		Ba-Fe, *Neigung R*	hoch, a.E. senken	1/4	3

(The 1/8 LD turn spans steps 2–3 per brace in original.)

Endposition: Geschlossene GÜST, Herr Front schräg zur Mitte.

Nachher: Natural Turn.

Change from Right to Left

Change from Left to Right

Figurenfolgen

Aus den bisherigen Figuren werden vier Figurenfolgen vorgeschlagen. Bei der Zusammenstellung der Figuren für Fortgeschrittene ist darauf zu achten, daß die in der Musik des Wiener Walzers enthaltenen Phrasen (= 16 Takte) tänzerisch umgesetzt werden (s. Folge 4).

Figuren		Schritte	Takte
Folge 1			
Natural Turn	→ Seite 48	4 x 1–6	8
Pendulum	→ Seite 52	2 x 1–4	4
			12
Folge 2			
Reverse Turn	→ Seite 50	4 x 1–6	8
Pendulum	→ Seite 52	2 x 3–4, 1–2	4
			12
Folge 3			
Natural Turn	→ Seite 48	4 x 1–6	8
Pendulum	→ Seite 52	1–4, 1–2	3
Reverse Turn	→ Seite 50	4 x 1–6	8
Pendulum	→ Seite 52	3–4, 1–4	3
			22
Folge 4			
Natural Turn	→ Seite 48	4 x 1–6	8
Closed Change RF	→ Seite 53	1–3	1
Reverse Turn	→ Seite 50	3 x 1–6	6
Closed Change LF	→ Seite 54	1–3	1
			16

Geschwister Patsy und Michael Hull, Osnabrück

Tango

Woher kommt der Tango?

Die Herkunft des Tangos ist untrennbar mit der argentinischen Volksseele, mit der Hauptstadt Buenos Aires verbunden. Sein Ursprung ist umstritten.
Die Wurzel des Begriffes Tango ist »tambor« (Trommel), interpretiert als ein Fest, das von den Trommeln schwarzer Südamerikaner begleitet wurde. In Uruguay, Brasilien und auch Cuba erschien das Wort zu Beginn des 19. Jahrhunderts auch in der Bedeutung eines Einzel- und auch Paartanzes.
Die tänzerische und musikalische Beeinflussung ging von der cubanischen Habanera und der argentinischen Milonga aus. Der modernisierte Tango (Tango Argentino) fand seine Ausbreitung zunächst in den Hafenvierteln von Buenos Aires, am Westufer des La Plata. Der Hauptzweck bestand in der tänzerischen Darstellung der sexuellen Beziehung zwischen Zuhältern und den Prostituierten; getanzt wurde er von den Bordellbesuchern. Begleitet wurden sie von Violine, Flöte und Gitarre oder einem Klavier, nach 1870 auch von dem aus Deutschland importierten Bandoneon, einem chromatischen Akkordeon. Geprägt von der spanisch-argentinischen Schwermut zeigte sich der Tango in seiner Gegensätzlichkeit: männlich und weiblich, weich und hart, aggressiv und sentimental.
Mit zunehmender sozialer Integration der unteren Schichten wurde der Tango mit Beginn des 20. Jahrhunderts in Argentinien gesellschaftsfähig.
1907 kam der Tango nach Europa und faszinierte zunächst in Paris. In spanisch-argentinischen Lokalen wurde er als erstes gezeigt, bevor er sich zum anerkannten Gesellschaftstanz wandelte. Das erste Tango-Turnier wurde in Nizza abgehalten. Ab 1912 brach das Tangofieber in ganz Europa aus: Tango-Parties, Tango-Teas, Tango-Wettbewerbe, Tango-Mode. Das erste europäische Tango-Tanzturnier wurde in Berlin veranstaltet. Allerdings wurde Tango lange Zeit als unschicklicher Tanz bekämpft. Auf den englischen Konferenzen 1920/21 wurde dann der südamerikanische Tango von den Engländern geformt. Zunächst stand man noch im Widerspruch mit einer einfacheren Version, dem in Paris und Berlin getanzten Tango-Milonga. 1922 fand in London eine eigene Tango-Konferenz statt; von da an wurde der Tango dem englischen Bewegungsstil angeglichen. Auf der Great Conference 1929 wurde der Tango endgültig in seiner heutigen Form standardisiert, die ab 1930 auch von den Deutschen übernommen wurde. Der sentimentale Tango Argentino war entgegen seiner Natur von dem englischen Tango mit ruckartigen Bewegungen vor allem des Kopfes, leidenschaftlicher Fortbewegung, plötzlichen Verzögerungen und deutlichen Figurabschlüssen abgelöst worden.

Wie tanzt man Tango?

Der **tänzerische Charakter** des Tangos äußert sich in schnellen, abrupt gebremsten, kraftvollen Gehbewegungen, die staccatoartig zwischen leidenschaftlicher Dynamik und gespannten Pausen abwechseln. Tango gilt als der erotische Tanz unter den Standardtänzen. Er symbolisiert ein verhalten getanztes Liebesspiel südamerikanischer Prägung in besonders kontaktreicher Tanzhaltung. Ohne das in anderen Tänzen gewohnte Heben und Senken, verläuft der Tango auf einer andersartigen, tieferen und stabileren Ebene, denn die Paare tanzen permanent mit gleichmäßig stark gebeugten Knien. Für viele ist der Tango nicht nur ein tänzerisches, sondern auch ein pantomimisches Vergnügen. Sie schleichen mystisch und ein wenig verrucht durch den Raum, überraschen mit ruckartigen, dynamischen Körperaktionen, knappen und schnellen Kopfbewegungen. Man spürt den lateinamerikanischen Ursprung des Tangos. Er ist kein Schwungtanz, sondern geprägt vom ständigen Wechsel zwischen Aktion und Pause.

Tango Argentino: »Gloria & Eduardo«, Buenos Aires

Geschlossene Tanzhaltung

In **geschlossener Gegenüberstellung** stehen sich die Partner frontal, jeweils nach links versetzt, gegenüber. Die Füße sind parallel geschlossen, wobei der jeweils rechte Fuß zum linken fast eine halbe Fußlänge zurückversetzt (in Slip-Position) und genau vor dem rechten Fuß des Partners steht (dreispuriges Tanzen, s. Seite 140). Das Körpergewicht ruht auf dem mittleren Teil des Standfußes, während der andere Fuß unbelastet herangeschlossen ist. Die Knie sind leicht gebeugt. In der Seitenansicht verläuft eine senkrechte Linie durch Ohr, Schulter, Hüfte, Kniekehle und Mitte des Standfußes. Körperkontakt haben beide Partner zwischen dem unteren Rippenbogen und den Oberschenkeln auf der rechten Körperfront, entsprechend dem jeweiligen Größenverhältnis. Die Schulterlinien verlaufen parallel; auch in der Bewegung, bei Vorwärts-, Rückwärts-, Seitwärts- und außenseitlichen Schritten, sollte die geschlossene Gegenüberstellung nicht wesentlich verändert werden. Die Armhaltung dient der Balance und der Erhaltung des Körperkontaktes. Keiner darf durch Festhalten beim Partner das Gleichgewicht suchen. Die rechte Hand des Herrn liegt etwas oberhalb der Taille der Dame mit geschlossenen Fingern und leichtem

Druck. Sein rechter Unterarm sollte vom Ellenbogen aus schräg nach unten gehalten werden, das Handgelenk darf nicht abknicken. Die Finger bilden mit dem rechten Unterarm eine gerade Linie. Weil die Dame im Tango noch deutlicher im rechten Arm des Herrn tanzt, legt sie ihren linken Unterarm entlang der Zeigefingerkante unter seinen rechten Oberarm. Ihr linker Ellenbogen wird in Höhe ihrer eigenen linken Hand gehalten, wobei darauf geachtet werden sollte, daß sie dabei nicht die linke Schulter mit anhebt. Seine linke Hand umfaßt ihre rechte Hand so, daß die vier Finger seiner Hand auf ihrem rechten Handrücken ruhen, die beiden Daumen gekreuzt sind und ein kleiner Luftraum zwischen den gefaßten Händen entsteht. Arme und Ellenbogen werden seitlich vom Körper weggehalten und leicht nach vorne geneigt. Je nach Größenverhältnis befinden sich die gefaßten Hände etwa in Kinnhöhe der Partner. Beide schauen über die rechte Schulter des Partners nach außen.

Promenaden-Tanzhaltung

In der sogenannten **Promenadenstellung** öffnen die Tänzer ihre vorher parallele Körperposition V-förmig in Richtung der gefaßten Hände. Die Fußspitzen der Partner stehen bei entweder geschlossenen Füßen oder in Schrittstellung in einem annähernd rechten Winkel. In der Bewegung soll sich das linke Bein der Dame immer hinter dem rechten Bein des Herrn befinden. Ihre linke Hüfte sollte ständig

Musik: Tangomusik ist reich an Kontrasten; leidenschaftlich und introvertiert, hart und sanftmütig, zwielichtig und edel, staccato und virtuos, dramatisch und kleinlaut, dynamisch und spielerisch, unbekümmert und scharf. Violinen, Bandoneon und Accordeon erzeugen den typischen Tango-Klang.

Takt:	$^2/_4$	1 Takt		1 Takt			1 Takt		
Rhythmus:	Notenwerte	$^1/_4$	$^1/_4$	$^1/_8$	$^1/_8$	$^1/_4$	$^1/_8$	$^1/_8$	$^1/_4$
	Zählweise	slow	slow	quick	quick	slow	quick	quick	slow

Richtiger wäre es, den Tango im $^4/_8$-Takt oder, wie es moderne Komponisten machen, im $^4/_4$-Takt zu schreiben, weil es zwei Betonungen in jedem Takt gibt: **1**, 2, **3**, 4. Die »slow«-Schritte sollten auf dem 1. bzw. 3. Taktschlag gesetzt, und es sollte nur eine gerade Anzahl an »quick«-Schritten hintereinander getanzt werden.

Tempo: Je nach Können 30–33 Takte pro Minute möglich.
Im Turnier: 33 Takte pro Minute.

hinter seiner rechten Hüfte bleiben, damit der Körperkontakt nicht unterbrochen wird. Die Schultern beider Partner bilden einen Winkel zueinander, der mit Rücksicht auf die Armlinien deutlich kleiner ist als 90 Grad. Beide sollten darauf achten, daß kein Ellenbogen hinter die eigene Rückenlinie gerät, weder die Arme noch die Hände heruntersinken. Herr und Dame schauen in die gleiche Richtung, wobei die Köpfe weder nach vorne gebeugt noch seitlich geneigt werden; sie bleiben einfach gerade.

Technik

Im Tango gibt es kein Heben und Senken. Aus diesem Grund wird das Abrollen bei Vorwärtsgehschritten nur mit der Ferse (Fe) beschrieben. Es ist darauf zu achten, daß die Knie während des gesamten Tangos leicht gebeugt bleiben und auch beim Schließen der Füße nicht gestreckt werden.
Gegenbewegungen leiten, ähnlich wie in den übrigen Tänzen, Drehaktionen ein. Der Tango ist trotzdem kein Schwungtanz, hat daher auch keine Neigung.

Grundbewegungen

Einfache Gehschritte vorwärts und rückwärts, die leicht kurvend getanzt werden können, bilden die Grundbewegung im Tango. Sie werden häufig als Verbindung von Figuren verwendet und im Rhythmus slow-slow getanzt. Jeder Gehschritt vorwärts soll mit der Ferse angesetzt werden. Für den kurvenden Effekt einerseits und das Abstoppen von dynamischen Aktionen andererseits ist es wichtig, bei bestimmten Schritten die Innenkanten (JKa) der Füße aufzusetzen. Im Tango gibt es kein Auf und Ab, die Bewegungen verlaufen in gleicher Ebene. Die Musik erfordert bei allen Schritten das Setzen der Füße; die Füße dürfen nicht über den Boden schleifen. Die Bewegung der Beine soll zwar schnell, jedoch nicht hart wirken. Auf eine möglichst rhythmische Interpretation der Musik sollte geachtet werden, ohne daß dabei mit den Füßen gestampft wird. Körper und Füße tanzen immer gleichzeitig, auch wenn Körperrichtung und Fußrichtung im Tango nicht immer übereinstimmen müssen (Kurveneffekt). In diesen Fällen wird in den Tabellen nur die Bewegungsrichtung (z. B. »z. Mi«) und nicht die Körperrichtung (»Front z. Mi«) angegeben.

Auswahl der Figuren

Es wurden die populärsten und technisch leichtesten Figuren aus der Palette der Grund- und Medaillenfiguren ausgewählt. Sie sind alle so beschrieben, daß man sie selbständig, nach Baukastenart, zu Übungsfolgen zusammenstellen kann.
Grundfiguren sind Walks, Argentine Close, Rock Turn, Progressive Link und Promenade Link. Der Bronze-Stufe entsprechen Closed Promenade, Open Promenade und Open Reverse Turn, der Silber-Stufe Four Step/Five Step und Natural Promenade Turn, der Gold-Stufe Natural Twist Turn und Outside Swivel.

Walks 1–2 with Argentine Close 3–5

Vorher: Walks 1–2, Walks 1–2 with Argentine Close 3–5, Rock Turn, Promenade Link, Closed Promenade, Open Reverse Turn (with Closed Finish), Natural Promenade Turn (Endung b), Outside Swivel.

Ausgangsposition: Geschlossene GÜST, Herr Front schräg zur Wand.

HERR:	Schritte	Technik	Rhythmus
1	**LF** vorw. in GBST, *schr. z. Wa*	Fe	slow 1/4
2	**RF** vorw., Schulterf. R, *schr. z. Wa*	Fe	slow 1/4
3	**LF** vorw.in GBST, *schr. z. Wa*	Fe	quick 1/8
4	**RF** kl. seitw., *Fuß zeigt schr. z. Wa*	JKa Fuß	quick 1/8
5	**LF** schl. l. vorw. o. Gew., *Front schr. z. Wa*	JKa Ba	slow 1/4

DAME:	Schritte	Technik	Rhythmus
1	**RF** rückw. in GBST, *schr. z. Wa*	Ba-Fe	slow 1/4
2	**LF** rückw., Schulterf. L, *schr. z. Wa*	Ba-Fe	slow 1/4
3	**RF** rückw.in GBST, *schr. z. Wa*	Ba-Fe	quick 1/8
4	**LF** seitw., *Rücken schr. z. Wa*	JKa Fuß	quick 1/8
5	**RF** schl. l. rückw. o. Gew., *Rücken schr. z. Wa*	JKa Ba	slow 1/4

Hinweise: Die Figur kann bis zu 1/4 LD gekurvt werden.

Endposition: Geschlossene GÜST, Herr Front schräg zur Wand.

Nachher: Walks 1–2, Walks 1–2 with Argentine Close 3–5, Rock Turn, Progressive Link, Open Reverse Turn (bei Beg. zus. 1/4 LD), Four Step/Five Step. Nach Schritt 2: Rock Turn, Progressive Link, Open Reverse Turn, Four Step.

Ausgangs-
position

1

2

3

4

5

Rock Turn

Wiegeschrittdrehung

Vorher: Walks 1–2, Walks 1–2 with Argentine Close 3–5, Rock Turn 1–2, Promenade Link, Natural Promenade Turn und Natural Twist Turn (Ende mit geschlossener Gegenüberstellung).

Ausgangsposition: Geschlossene GÜST, Herr Front schräg zur Wand.

HERR:	Schritte	Drehung	Technik	Rhythmus
–	**RF** vorangehender Schritt			
1	**LF** seitw. l. rückw., *Rücken z. Mi*	1/4 RD	JKa Ba-Fe	quick 1/8
2	**RF** vorw. bel., Schulterf. R, *schr. z. Wa GTR*		JKa Ba-Fe	quick 1/8
3	**LF** kl. rückw., Schulterf. L, *schr. z. Mi*		JKa Ba-Fe	slow 1/4
4	**RF** rückw. in GBST, *z. Mi*	1/4 LD	Ba-Fe, *Gegenbew.*	quick 1/8
5	**LF** seitw. l. vorw., *Fuß zeigt schr. z. Wa*		JKa Fuß	quick 1/8
6	**RF** schl. l. rückw., *Front schr. z. Wa*		g. Fuß	slow 1/4

DAME:	Schritte	Drehung	Technik	Rhythmus
–	**LF** vorangehender Schritt			
1	**RF** vorw. l. nach R, *Front z. Mi*	1/4 LD	Fe	quick 1/8
2	**LF** rückw. l. nach L, Schulterf. L, *schr. z. Wa GTR*		JKa Ba-Fe	quick 1/8
3	**RF** kl. vorw., Schulterf. R, *schr. z. Mi*		Fe	slow 1/4
4	**LF** vorw. in GBST, *z. Mi*	1/4 LD	Fe, *Gegenbew.*	quick 1/8
5	**RF** seitw. l. rückw., *Rücken schr. z. Wa*		JKa Ba-Fe	quick 1/8
6	**LF** schl. l. vorw., *Rücken schr. z. Wa*		g. Fuß	slow 1/4

Endposition: Geschlossene GÜST, Herr Front schräg zur Wand.

Nachher: Walks 1–2, Walks 1–2 with Argentine Close 3–5, Progressive Link, Open Reverse Turn (bei Beg. zus. ¼ LD), Four Step/Five Step.

Vorher

1

2

3

4

5

6

Progressive Link

Fortschreitende Kette

Vorher: Walks 1–2, Walks 1–2 with Argentine Close 3–5, Rock Turn, Promenade Link, Closed Promenade, Open Reverse Turn (with Closed Finish), Natural Promenade Turn (Ende mit geschlossener Gegenüberstellung), Outside Swivel.

Ausgangsposition: Geschlossene GÜST, Herr Front schräg zur Wand.

HERR:	**Schritte**	**Drehung**	**Technik**	**Rhythmus**
1	**LF** vorw. in GBST, *schr. z. Wa*	Schulter RD (1–2)	Fe	quick 1/8
2	**RF** seitw. l. rückw. in Prom.St., *Front schr. z. Wa*		JKa Fuß, JKa Ba-LF	quick 1/8

DAME:	**Schritte**	**Drehung**	**Technik**	**Rhythmus**
1	**RF** rückw. in GBST, *schr. z. Wa*	1/4 RD (1–2)	Ba-Fe	quick 1/8
2	**LF** seitw. l. rückw. in Prom.St., *Front schr. z. Mi*		JKa Ba-Fe, JKa Ba-RF	quick 1/8

Hinweise: Die Dame dreht bei Schritt 1 zunächst auf dem Ballen, bevor die rechte Ferse (kurz) den Boden berührt. Die Stellung des 2. Schrittes der Dame ist in bezug auf ihre Körperstellung (und nicht auf die Tanzrichtung) leicht rückwärts.

Endposition: Promenadenstellung (Knie zeigen nach innen), Bewegung geht in Tanzrichtung.

Nachher: Promenade Link, Closed Promenade, Open Promenade, Natural Promenade Turn, Natural Twist Turn.

2. Walk RF

1. Walk LF

2

1

Promenade Link

Promenadenkette

Vorher: Progressive Link, Four Step/Five Step, Natural Promenade Turn (Endung a), Natural Twist Turn.

Ausgangsposition: Promenadenstellung (Knie zeigen nach innen), Bewegung geht in Tanzrichtung.

HERR:	Schritte	Drehung	Technik	Rhythmus
1	**LF** seitw. in Prom.St., *entl. TR, Fuß zeigt schr. z. Wa*	1/8 RD (zwischen 1 und 3)	Fe	slow 1/4
2	**RF** vorkreuzen in Prom. St. u. GBST, *entl. TR, Fuß zeigt schr. z. Wa*		Fe-Ba (fl. Fuß), *Gegenbew.*	quick 1/8
3	**LF** fast schl. o. Gew., *Front z. Wa*		JKa Ba	quick 1/8

DAME:	Schritte	Drehung	Technik	Rhythmus
1	**RF** seitw. in Prom.St., *entl. TR, Fuß zeigt schr. z. Mi*	1/8 LD (zwischen 1 und 3)	Fe	slow 1/4
2	**LF** vorkreuzen in Prom. St. u. GBST, *entl. TR, Fuß zeigt schr. z. Mi*		Fe-Ba (fl. Fuß), *Gegenbew.*	quick 1/8
3	**RF** fast schl. o. Gew., *Rücken z. Wa*		JKa Ba	quick 1/8

Hinweise: Alternativen: a) Wenn Promenade Link schräg zur Wand beginnt und die Bewegung in Tanzrichtung weitergeht, hat der Herr keine und die Dame 1/4 LD. b) Wenn Promenade Link in Tanzrichtung beginnt und die Bewegung diagonal zur Mitte verläuft, dreht der Herr 1/8 LD zwischen 1 und 2, die Dame 3/8 LD.

Endposition: Geschlossene GÜST, Herr Front zur Wand.

Nachher: Walks 1–2, Walks 1–2 with Argentine Close 3–5, Rock Turn, Progressive Link, Open Reverse Turn (Herr Front in TR, Figur bewegt sich schräg zur Mitte, zwischen Schritt 1–2 H: 1/8 LD, D: 3/8 LD), Four Step/Five Step.

1

Ausgangs-
position

3

2

Closed Promenade (a) Geschlossene Promenade
Open Promenade (b) Offene Promenade

Vorher: a) u. b): Progressive Link, Four Step/Five Step, Natural Promenade Turn (Endung a), Natural Twist Turn, vor Schritt 2: Outside Swivel Schritt 1.

Ausgangsposition: Promenadenstellung (Knie zeigen nach innen), Bewegung geht in Tanzrichtung.

HERR:	Schritte	Drehung	Technik	Rhythmus
1	**LF** seitw. in Prom.St., *entl. TR, Fuß zeigt schr. z. Wa*		Fe	slow 1/4
2	**RF** vorkreuzen in Prom.St. u. GBST, *entlang TR, Fuß zeigt schr. z. Wa*	l. Körperdrehung R	Fe	quick 1/8
3	**LF** seitw. l. vorw., *Fuß zeigt schr. z. Wa*		JKa Fuß	quick 1/8
4 a)	**RF** schl. l. rückw., *Front schr. z. Wa*		g. Fuß	slow 1/4
b)	**RF** vorw. in GBST a.P., *schr. z. Wa*		Fe	

DAME:	Schritte	Drehung	Technik	Rhythmus
1	**RF** seitw. in Prom.St., *entl. TR, Fuß zeigt schr. z. Mi*		Fe	slow 1/4
2	**LF** vorkreuzen in Prom.St. u. GBST, *entlang TR, Fuß schr. z. Mi*	(fast) 1/4 LD	Fe *Gegenbew.*	quick 1/8
3	**RF** seitw. l. rückw., *Rücken schr. z. Wa*		JKa Ba-Fe	quick 1/8
4 a)	**LF** schl. l. vorw., *Rücken schr. z. Wa*		g. Fuß	slow 1/4
b)	**LF** rückw. in GBST, *schr. z. Wa*		Ba	

Endposition: a) und b): Geschlossene GÜST, Herr Front schräg zur Wand, b): a.P.

Nachher: a) Walks 1–2, Walks 1–2 with Argentine Close 3–5, Progressive Link, Open Reverse Turn (bei Beg. zus. 1/4 LD), Four Step/Five Step.
b) Four Step/Five Step, Outside Swivel.

3

2

1

4b

4a

Open Reverse Turn

a) with Closed Finish

b) with Open Finish

Offene Linksdrehung

mit geschlossenem Ende

mit offenem Ende

Vorher: Walks 1–2, Walks 1–2 with Argentine Close 3–5, Open Promenade, Closed Promenade, Promenade Link (alle Figuren Ende schräg zur Mitte).

Ausgangsposition: Geschlossene GÜST, Herr Front schräg zur Mitte.

HERR:	Schritte	Drehung	Technik	Rhythmus
1	**LF** vorw. in GBST, *schr. z. Mi*		Fe, *Gegenbew.*	quick $\frac{1}{8}$
2	**RF** seitw., *Rücken schr. z. Wa*		Ba-Fe	quick $\frac{1}{8}$
3	**LF** rückw. in GBST, *entl. TR*		Ba-Fe	slow $\frac{1}{4}$
4	**RF** rückw., *entl. TR*	$\frac{3}{4}$ LD (Schritte 1–6a)	Ba-Fe, *Gegenbew.*	quick $\frac{1}{8}$
5	**LF** seitw. l. vorw., *Fuß zeigt schr. z. Wa*		JKa Fuß	quick $\frac{1}{8}$
6 a)	**RF** schl. l. rückw., *Front schr. z. Wa*		g.Fuß	slow $\frac{1}{4}$ (6a und b)
b)	**RF** vorw. in GBST a.P., *schr. z. Wa*		Fe	

DAME:	**Schritte**	**Drehung**	**Technik**	**Rhythmus**
1	**RF** rückw. in GBST, *schr. z. Mi*	¾ LD (Schritte 1–6)	Ba-Fe, *Gegenbew.*	quick 1/8
2	**LF** seitw. l. vorw., *Fuß zeigt in TR*		g.Fuß	quick 1/8
3	**RF** vorw. in GBST a.P., *entl. TR*		Fe	slow 1/4
4	**LF** vorw., *entl. TR*		Fe, *Gegenbew.*	quick 1/8
5	**RF** seitw. l. rückw., *Rücken schr. z. Wa*		JKa Ba-Fe	quick 1/8
6 a)	**LF** schl. l. vorw., *Rücken schr. z. Wa*		g.Fuß	slow 1/4 (a oder b)
b)	**LF** rückw. in GBST, *schr. z. Wa*		Ba	

Endposition: a) und b): Geschlossene GÜST, Herr Front schräg zur Wand, b): a.P.

Nachher: Walks 1–2, Walks 1–2 with Argentine Close 3–5, Progressive Link, Four Step/Five Step.
b) Four Step/Five Step, Outside Swivel.

Four Step (a) / Five Step (b)

Viererschritt / Fünferschritt

Vorher: Walks 1–2, Walks 1–2 with Argentine Close 3–5, Rock Turn, Promenade Link, Closed Promenade, Open Promenade, Open Reverse Turn, Natural Promenade Turn (Ende mit geschlossener GÜST), Outside Swivel.
Ausgangsposition: Geschlossene GÜST, Herr Front zur Wand.

HERR:	Schritte	Drehung	Technik	Rhythmus
1	**LF** vorw. in GBST, *z. Wa*	1/8 LD (1–2)	Fe, *Gegenbew.*	quick 1/8
2	**RF** seitw. l. rückw., *Rücken schr. z. Mi GTR*		Ba-Fe	quick 1/8
3	**LF** rückw. in GBST, *schr. z. Mi GTR*		Ba-Fe	quick 1/8
4a	**RF** schl. seitw. l. rückw. in Prom.St., *Front schr. z. Wa*	Körper-dr. n. R.	Ba-Fe	quick 1/8 (4a/4b)
4b	**RF** schl. seitw. l. rückw., *Front schr. z. Wa*	Körper-dr. n. R. (4b–5b)	Ba-Fe	
5b	**LF** seitw. am RF o. Gew. in Prom.St., *Front schr. z. Wa*		JKa Ba	slow 1/4

DAME:	Schritte	Drehung	Technik	Rhythmus
1	**RF** rückw. in GBST, *z. Wa*	1/8 LD (1–2)	Ba-Fe, *Gegenbew.*	quick 1/8
2	**LF** seitw. l. vorw., *Fuß zeigt schr. z. Mi GTR*		g. Fuß	quick 1/8
3	**RF** vorw. in GBST a.P. *schr. z. Mi GTR*	a + b je 1/4 RD (a: 3–4a; b: 3–5b)	Fe-Ba (fl.F) *Gegenbew.*	quick 1/8
4a	**LF** schl. seitw. l. rückw. in Prom.St., *Front schr. z. Mi*		Ba-Fe	quick 1/8 (4a/4b)
4b	**LF** schl. seitw. l. rückw., *schr. z. Mi GTR*			
5b	**RF** seitw. am LF o. Gew. in Prom.St., *Front schr. z. Mi*		JKa Ba	slow 1/4

Hinweise: Four Step = Schritte 1–4, Five Step = Schritte 1–5. Beide Figuren sind auch in anderen Startrichtungen und bis zu 3/4 LD tanzbar.
Endposition: Prom.St. (Knie zeigen nach innen), Bewegung geht in TR.
Nachher: Promenade Link, Closed Promenade, Open Promenade, Natural Promenade Turn, Natural Twist Turn; nach Schritt 2: Outside Swivel.

2

1

4

3

Natural Promenade Turn

Promenadenrechtsdrehung

Vorher: Progressive Link, Four Step/Five Step, Natural Twist Turn.

Ausgangsposition: Promenadenstellung (Knie zeigen nach innen), Bewegung geht in Tanzrichtung.

HERR: Schritte	Drehung	Technik	Rhythmus
1 **LF** seitw. in Prom.St., *entlang TR, Fuß zeigt schr. z. Wa*	3/4 RD Achsendrehung	Fe	slow 1/4
2 **RF** vorw. in Prom.St. u. GBST, *schr. z. Wa*		Fe, *Gegenbew.*	quick 1/8
3 **LF** seitw. l. rückw. *Rücken in TR*		Ba-Fe-Ba	quick 1/8
4 a) **RF** vorw. in GBST, LF fast schl. o. Gew. in Prom.St., *schr. z. Wa d. NTR (Eckenfig.) Front schr. z. Wa (Längsseite)*		Fe, JKa Ba LF, *Gegenbew.*	slow 1/4
b) **RF** vorw. in GBST *Front schr. z. Wa*		Fe	

DAME: Schritte	Drehung	Technik	Rhythmus
1 **RF** seitw. in Prom.St., *entl. TR, Fuß schr. z. Mi*	3/4 RD	Fe	slow 1/4
2 **LF** vorkreuzen in Prom.St., GBST, *Fuß zeigt in TR*		Fe	quick 1/8
3 **RF** vorw. zw. Füße d. Partners, *entl. TR*		Fe, *Gegenbew.*	quick 1/8
4 a) **LF** seitw. l. rückw., RF fast schl. o. Gew. in Prom.St., *Rücken schr. z. Wa d. neuen TR* od *Rücken schr. z. Wa*		Ba-Fe, JKa Ba RF	slow 1/4
b) **LF** seitw. l. rückw., *Rücken schr. z. Wa*		Ba-Fe	

3

2

1

Endposition:
a) Promenadenstellung (Knie zeigen nach innen), Bewegung geht in neue oder alte Tanzrichtung.
b) Geschlossene GÜST, Herr Front schräg zur Wand.

Nachher: a) Promenade Link, Closed Promenade, Open Promenade, Natural Twist Turn.
b) Rock Turn, Progressive Link, Four Step/Five Step.

4b

4a

Natural Twist Turn — Rechtsspiraldrehung

Vorher: Progressive Link, Four Step/Five Step, Natural Promenade Turn (Endung a).

Ausgangsposition: Promenadenstellung (Knie zeigen nach innen), Bewegung geht in Tanzrichtung.

HERR:	**Schritte**	**Drehung**	**Technik**	**Rhythmus**
1	**LF** seitw. in Prom.St., *entlang TR, Fuß zeigt schr. z. Wa*	1/1 od. 3/4 RD i. d. Ecke Spiraldrehung	Fe	slow 1/4
2	**RF** vorkreuzen in Prom. St. u. GBST, *entl. TR, Fuß zeigt schr. z. Wa*		Fe, *Gegenbew.*	quick 1/8
3	**LF** seitw., *Rücken schr. z. Mi*		Ba-Fe	quick 1/8
4	**RF** hinterkreuzen, *Rücken in TR*		Ba	slow 1/4
5	**LF** u. **RF** bel., Füße drehend entkreuzen		Fe LF u. Ba RF	quick 1/8
6	**RF** bel. in Prom.St., Füße schl., *Front schr. z. Wa*		RF g.Fuß, JKa Ba LF	quick 1/8

DAME:	**Schritte**	**Drehung**	**Technik**	**Rhythmus**
1	**RF** seitw. in Prom.St., *entlang TR, Fuß zeigt schr. z. Mi*	1/1 od. 3/4 RD i. d. Ecke	Fe	slow 1/4
2	**LF** vorkreuzen in Prom. St. u. GBST, *Fuß zeigt in TR*		Fe	quick 1/8
3	**RF** vorw. zw. Füße d. Herrn, *entl. TR*		Fe, *Gegenbew.*	quick 1/8
4	**LF** vorw., vorber. außenseitl., Schulterf. L, *entlang TR, Fuß zeigt schr. z. Wa*		Fe	slow 1/4
5	**RF** vorw. in GBST a.P., z. *Wa*		Fe-Ba, *Gegenbew.*	quick 1/8
6	**LF** schl. l. rückw. in Prom.St., *Front schr. z. Mi*		Ba-Fe	quick 1/8

Endposition: Promenadenstellung (Knie zeigen nach innen), Bewegung geht in Tanzrichtung, auch geschlossene GÜST möglich.

Nachher: Promenade Link, Closed Promenade, Open Promenade, Natural Promenade Turn.

3

2

1

6

5

4

Outside Swivel

Außenseitliche Kehre

Vorher: Open Promenade, Open Reverse Turn (1–2), Open Reverse Turn (with Open Finish), Four Step 1–2.

Ausgangsposition: Geschlossene GÜST a. P., Herr Front schräg zur Wand.

HERR:	Schritte	Drehung	Technik	Rhythmus
1	**LF** rückw. in GBST, Fußspitze einwärts gedreht, RF o. Gew. vorkreuzen, Ende in Prom.St., *zw. z. Mi u. schr. z. Mi GTR, Ende Front z. Wa*	fast 1/8 RD	Ba-Fe mit Druck RBa, *Gegenbew.*	slow 1/4
2	**RF** vorkreuzen in Prom. St. u. GBST, *Fuß zeigt schr. z. Wa*	1/8 LD (Schritt 1 Ende bis 2)	Fe	quick 1/8
3	**LF** fast schl. o. G., *Front schr. z. Wa*		JKa Ba	quick 1/8

DAME:	Schritte	Drehung	Technik	Rhythmus
1	**RF** vorw. in GBST a.P. u. LF schl. l. rückw. o. Gew., Ende in Prom.St., *zw. z. Mi u. schr. z. Mi GTR, Ende Front i. TR*	etw. über 1/4 RD	Fe-Ba, (fl.Fuß) u. JKa Ba LF, *Gegenbew.*	slow 1/4
2	**LF** vorkreuzen in Prom. St. u. GBST, *schr. z. Wa, Fuß zeigt in TR*	3/8 LD (Schritt 1 Ende bis 3)	Fe-Ba (fl.Fuß), *Gegenbew.*	quick 1/8
3	**RF** fast schl. o. G., *Rücken schr. z. Wa*		JKa Ba	quick 1/8

Hinweis: Als Variation für Fortgeschrittene kann die Dame am Ende von Schritt 1 einen »Flick« mit LF tanzen.

Endposition: Geschlossene GÜST, Herr Front schräg zur Wand.

Nachher: Walks 1–2, Walks 1–2 with Argentine Close 3–5, Progressive Link, Open Reverse Turn (bei Beg. zus. 1/4 LD), Four Step/Five Step; nach Schritt 1: Close oder Open Promenade 2–4.

Ausgangs-
position

1
a.E.

1

3

2

Figurenfolgen

Aus den bisherigen Figuren werden drei Figurenfolgen vorgeschlagen. Sie sind so zusammengestellt, daß sie entweder in sich wiederholt oder dem Leistungsstand entsprechend auch hintereinander getanzt werden können.

Figuren		Schritte	Takte
Folge 1			
Walks	→ Seite 62	1–2	1
Argentine Close	→ Seite 62	3–5	1
Walks	→ Seite 62	1–2	1
Rock Turn	→ Seite 64	1–6	2
Progressive Link	→ Seite 66	1–2	½
Closed Promenade	→ Seite 70	1–4	1 ½
Walks	→ Seite 62	1–2	1
Open Reverse Turn (with Closed Finish)	→ Seite 72	1–6	2
			10
Folge 2			
Walks	→ Seite 62	1–2	1
Progressive Link	→ Seite 66	1–2	½
Promenade Link (zus. ⅛ LD)	→ Seite 68	1–3	1
Open Reverse Turn (with Open Finish)	→ Seite 72	1–6	2
Four Step (Five Step)	→ Seite 74	1–4 (1–5)	1 (1 ½)
Natural Promenade Turn (in die Ecke)	→ Seite 76	1–4	1 ½
Closed Promenade	→ Seite 70	1–4	1 ½
			8 ½ (9)
Folge 3			
Walks	→ Seite 62	1–2	1
Progressive Link	→ Seite 66	1–2	½
Open Promenade	→ Seite 70	1–4	1 ½
Outside Swivel	→ Seite 80	1–3	1
Four Step/Five Step	→ Seite 74	1–4 (1–5)	1 (1 ½)
Natural Twist Turn	→ Seite 78	1–4	1 ½
Closed Promenade	→ Seite 70	1–4	1 ½
			8 ½

Andrea und Horst Beer, Bremerhaven

Quickstep

Woher kommen Foxtrott/ Quickstep und Slowfox?

Der Ursprung des Foxtrotts ist im alten Onestep und Rag zu sehen. Der **Onestep,** um 1910 aus Nordamerika nach Europa gekommen, war mit seiner vereinfachten »Einschritt-Bewegung« mit stets gleichbleibendem Rhythmus ein Marsch- und Gehtanz ohne Chassé. Er wurde im schnellen $2/4$ -Takt vorwärts, rückwärts oder auch mal seitwärts ohne Drehungen auf Ballen getanzt. Als Gesellschaftstanz löste er damit den Twostep (polkaähnlich ohne Hüpfen) ab. Der Onestep (im deutschsprachigen Raum auch »Schieber« genannt) setzte sich zunächst in England durch und verdrängte dort weitgehend den Walzer. An Popularität konnte er es auch mit dem Tango, der mehr eine Domäne der Franzosen blieb, aufnehmen.

Als um 1912 der Ragtime, die erste moderne Form der Tanzmusik, in England an Boden gewann, entwickelte sich aus dem Onestep der **Rag.** Dieser Tanz hatte die besondere Rag-Nuance mit einem im Knie gebeugten Schritt zum synkopierten Rhythmus (Betonung auf den Taktschlägen 2 und 4). Später wurden die Ragtime- und One-Step-Musikstücke langsamer gespielt, somit wurden auch die Schritte langsamer getanzt. So hatte man Zeit, einen Wechselschritt einzuführen, das sog. Chassé. Der sich daraus entwickelnde **Foxtrott** bestand aus einem beliebigen Wechsel von langsamen und schnellen Vorwärts- bzw. Rückwärtsschritten mit Chassés. Er wurde in den zwanziger Jahren von englischen Tanzlehrern als Grundlage für den englischen Stil ausgebaut. Der Schrittansatz auf der Ferse und die neue Körpertechnik ermöglichten viel größeren Schwung. Um 1922 war die heute noch gültige Form des Foxtrotts gefunden. Ab 1924 spaltete sich der Foxtrott aufgrund der unterschiedlich schnell gespielten Musik auf in eine langsamere Variante, den sog. Slow Foxtrott (Slowfox), und den schnelleren Foxtrott, den sog. Quickstep.

Der **Slowfox** basiert auf künstlerisch geformten, langen, gleitenden Gehbewegungen in linearen Schrittmustern.

Der **Quickstep** wurde anfangs als »Quicktime Foxtrott und Charleston« bezeichnet und übernahm das Chassé. Man kann ihn als den fröhlichsten und spritzigsten unter den Gesellschaftstänzen sehen. Nach dem 2. Weltkrieg machte er einen deutlichen Stilwandel durch, indem er durch kleine rhythmische Hüpfschritte erweitert wurde.

Der vor allem in den zwanziger Jahren beliebte **Marsch-Fox(trott)** auf schnelle Foxtrott-Musik hat sich wegen seiner Einfachheit (jeder Tanzschritt auf je einen Taktschlag) bis heute gehalten. Er ist im Welttanzprogramm verankert.

Wie tanzt man Foxtrott/ Quickstep?

Foxtrott

Der **tänzerische Charakter** des Foxtrotts äußert sich in rhythmisch klaren Gehschritten im Rhythmus slow-slow und schnellen, kleinen Seitwärtsschritten im Rhythmus quick-quick. Typisch für den Foxtrott ist die zickzackartige Linienführung, mit der sich die Paare über die Tanzfläche bewegen. Seiner großen Anpassungsfähigkeit wegen ist der Foxtrott einer der beliebtesten Allgemeintänze. Foxtrottmusik kann in sehr unterschiedlichen Stilarten und Tempi gespielt werden. Sie enthält oft swingende Elemente (Charleston, Rag, Dixie) bzw. Disco-Rhythmen, die Einfluß auf die Kniebewegung der Foxtrott-Tänzer haben. Je swingender die Musik, desto stärker werden die Knie rhythmisch mitbewegt.
Obwohl der Foxtrott kein Turniertanz ist, wird er in diesem Buch seiner Beliebtheit wegen beschrieben. In den deutschen Tanzschulen wird üblicherweise zuerst der technisch leichtere Foxtrott unterrichtet, später folgt der Quickstep.

Quickstep

Der **tänzerische Charakter** des Quickstep äußert sich in sehr schnellen, kontrolliert fließenden Laufbewegungen. Durch die Dynamik der Schritte, ihr rasantes Tempo und den ständigen Wechsel von »slow«- und »quick«-Schritten erhält dieser Tanz seine kapriziöse Mischung. Mit ihrer fast fliegenden Leichtigkeit und ihrer überschäumenden Lebensfreude, ihrer großen Elastizität in den Knie- und Fußgelenken bewegen sich die Turniertänzer im Quickstep wie schwirrende Sektperlen. Wegen der hohen Beschleunigung des Körpers sind eine saubere Fußtechnik und eine ruhige Oberlinie notwendig, damit der Tanz nicht gerannt, gehüpft oder gehetzt aussieht.

Geschlossene Tanzhaltung

In **geschlossener Gegenüberstellung** stehen sich die Partner frontal und jeweils leicht nach links versetzt gegenüber. Die Füße sind parallel geschlossen, wobei der rechte Fuß des einen Partners zwischen die Füße des anderen zeigt, sie aber nicht berührt. Das Körpergewicht ruht auf dem vorderen Teil des Standfußes, während der andere Fuß unbelastet herangeschlossen ist. Die Knie sind »weich gestreckt«, das bedeutet, nicht durchgedrückt, sondern flexibel und bewegungsbereit.
In der Seitenansicht verläuft eine senkrechte Linie durch Ohr, Schulter, Hüfte, Knie und Ballen des Standfußes. Körperkontakt haben beide Partner zwischen dem unteren Rippenbogen und der Leistengegend auf der rechten Körperfront, entsprechend dem jeweiligen Größenverhältnis.
Die Schulterlinien verlaufen parallel; auch in der Bewegung, bei Vorwärts-, Rückwärts-, Seitwärts- und außenseitlichen Schritten, sollte die geschlos-

sene Gegenüberstellung nicht verändert werden.
Die Armhaltung dient der Balance und der Erhaltung des Körperkontaktes. Keiner darf durch Festhalten beim Partner das Gleichgewicht suchen.
Die rechte Hand des Herrn liegt mit geschlossenen Fingern und leichtem Druck etwas unterhalb des linken Schulterblattes der Dame. Sein rechter Unterarm sollte vom Ellenbogen aus schräg nach unten gehalten werden, das Handgelenk darf nicht abknicken. Seine Finger bilden mit dem rechten Unterarm eine gerade Linie.
Die Dame legt ihre linke Hand ohne Gewicht auf seinen rechten unteren Oberarm. Sie imitiert mit ihrem linken Unterarm seine rechte Oberarmlinie und verlängert sie nach außen. Seine linke Hand umfaßt ihre rechte Hand so, daß die vier Finger seiner Hand auf ihrem rechten Handrücken ruhen, die beiden Daumen gekreuzt sind und ein kleiner Luftraum zwischen den gefaßten Händen entsteht. Arme und Ellenbogen werden seitlich vom Körper weggehalten und leicht nach vorne geneigt. Je nach Größenverhältnis befinden sich die gefaßten Hände zwischen Augenhöhe der Partner. Beide schauen über die rechte Schulter des Partners nach außen.

Technik

Foxtrott Es wird davon ausgegangen, daß der Foxtrott für den geselligen Rahmen und nicht für ausgefeil-

Musik:
Foxtrott: Schnell, akzentuiert rhythmisch, teilweise swingend.
Quickstep: Sehr schnell, fröhlich, treibend, spritzig virtuos. Typische Instrumente sind Trompete, Posaune, Saxophon.

Takt: 4/4

Rhythmus:		1 Takt				½ Takt	
	Notenwerte	1/4	1/4	1/4	1/4	1/4	1/4
Foxtrott:	Zählweise	slow		slow		quick	quick
Quickstep:	Zählweise	slow		quick	quick	slow	

Jeder »slow«-Schritt muß korrekt auf Taktschlag 1 oder 3 erfolgen. Schrittsatz und musikalischer Takt fallen erst nach zwei Grundschritten wieder zusammen.

Tempo: *Foxtrott:* Je nach Können 36–52 Takte pro Minute möglich.
Quickstep: Je nach Können 42–52 Takte pro Minute möglich. Im Turnier: 52 Takte pro Minute.

tes Turniertanzen gedacht ist. Daher wurde auf die Angabe von Heben und Senken verzichtet. Es sollen die natürliche Gehbewegung zusammen mit einem rhythmischen Einfühlungsvermögen für die jeweilige Foxtrottmusik zur Geltung kommen.

Quickstep Chasses, Lock Steps und außenseitliche Schritte sind typisch für die Grundbewegung im Quickstep. In der Beschreibung der Grundfiguren wird dem modernen Trend zu noch fließenderen, raumgreifenderen Bewegungen entsprochen. In den letzten Jahren hat es sich eingebürgert, den »Quickstep-Grundschritt« (1–8) aus einer Mischung von zwei Grundfiguren zu tanzen:
Quarter Turn To Right und Progressive Chasse 1–4. Diese Kombination von acht Schritten kann beliebig oft wiederholt werden.
Beachte: Im Bewegungsfluß, beim Zusammensetzen der Figuren, verändert sich jeweils der Schritt 1 bei Quarter Turn To Right und Natural Spin Turn. Der Herr tanzt RF vorw. in GBST a.P., die Dame LF rückw. in GBST, um den tänzerischen Schwung nicht zu unterbrechen.
Das für den Quickstep charakteristische Schema von Heben und Senken soll eine langgestreckte Bewegung erzeugen. Die Chassé-Schritte sollten außerdem etwa gleich groß getanzt werden, um den fliehenden Charakter dieses Tanzes zu unterstreichen.
Gegenbewegungen sollen sich harmonisch aus der vorhergehenden Bewegung entwickeln und dürfen nicht ruckartig künstlich erzeugt werden. Mit Hilfe der Neigungen gelingt es dem Tänzer, den Drehschwung zu kontrollieren und die Balance zu halten, ohne aus der Kurve getragen zu werden. (Gegenbewegung und Neigung s. Seite 15.)

Auswahl der Figuren
Es wurden die populärsten und technisch leichtesten Figuren aus der Palette der Grund- und Medaillenfiguren ausgewählt. Sie sind alle so beschrieben, daß sie sich selbständig, nach Baukastenart, zu Übungsfolgen zusammenstellen lassen.
Foxtrott: Basic Movement, Natural Turn, Reverse Turn.
Quickstep: Grundfiguren sind Quarter Turn To Right, Progressive Chasse und Forward Lock Step. Der Bronze-Stufe entsprechen Natural Spin Turn und Chasse Reverse Turn 1–3, der Silber-Stufe Impetus und Telemark, der Gold-Stufe Quick Open Reverse und The V6.

Basic Movement

Grundschritt

Vorher: Vor Schritt 1: Basic Movement, Reverse Turn.
Vor Schritt 5: Natural Turn.

Ausgangsposition: Geschlossene GÜST, Herr Front schräg zur Wand.

HERR:	Schritte	Bew. Richtung	Drehung	Technik	Rhythmus
1	**LF** vorw.	Front schr. z. Wa		Fe	slow ½
2	**RF** vorw.	Front schr. z. Wa	¼ RD	Fe	slow ½
3	**LF** seitw.	Front schr. z. Wa GTR		Ba	quick ¼
4	**RF** schl.	Rücken schr. z. Mi		Ba	quick ¼
5	**LF** rückw.	Rücken schr. z. Mi		Ba-flach	slow ½
6	**RF** rückw.	Rücken schr. z. Mi	¼ LD	Ba-flach	slow ½
7	**LF** kl. seitw.	Rücken schr. z. Mi GTR		Ba	quick ¼
8	**RF** schl.	Front schr. z. Wa		Ba	quick ¼

DAME:	Schritte	Bew. Richtung	Drehung	Technik	Rhythmus
1	**RF** rückw.	Rücken schr. z. Wa		Ba-flach	slow ½
2	**LF** rückw.	Rücken schr. z. Wa	¼ RD	Ba-flach	slow ½
3	**RF** kl. seitw.	Rücken schr. z. Wa GTR		Ba	quick ¼
4	**LF** schl.	Front schr. z. Mi		Ba	quick ¼
5	**RF** vorw.	Front schr. z. Mi		Fe	slow ½
6	**LF** vorw.	Front schr. z. Mi	¼ LD	Fe	slow ½
7	**RF** seitw.	Front schr. z. Mi GTR		Ba	quick ¼
8	**LF** schl.	Rücken schr. z. Wa		Ba	quick ¼

Hinweise: Schritte 1–4 mit ⅛ RD zusätzlich, dann Natural Turn, Schritte 6–8 mit ⅛ LD zusätzlich, dann Reverse Turn.
Die Dame erhält dadurch eine deutliche Führungsinformation und die Drehung wird erleichtert.

Endposition: Geschlossene GÜST, Herr Front schräg zur Wand.

Nachher: Nach Schritt 4: Natural Turn.
Nach Schritt 8: Basic Movement, Reverse Turn.

2

1

4

3

6

5

8

7

Natural Turn

Rechtsdrehung

Vorher: Basic Movement 1–4 (mit 3/8 RD), Natural Turn.

Ausgangsposition: Geschlossene GÜST, Herr Rücken in Tanzrichtung.

HERR: Schritte		Bew. Richtung	Drehung	Technik	Rhythmus
1	**LF** rückw.	Rücken in TR	1/2 RD	Ba-flach	slow 1/2
2	**RF** vorw.	Front in TR	3/8 RD (Schritte 2–4)	Fe	slow 1/2
3	**LF** seitw.	Front schr. z. Wa GTR		Ba	quick 1/4
4	**RF** schl.	Rücken schr. z. Mi		Ba	quick 1/4

DAME: Schritte		Bew. Richtung	Drehung	Technik	Rhythmus
1	**RF** vorw.	Front in TR	1/2 RD (Schritte 1–2)	Fe-Ba	slow 1/2
2	**LF** diag. rückw.	Rücken in TR		Ba-flach	slow 1/2
3	**RF** seitw.	Fuß zeigt schr. z. Mi	3/8 RD (Schritte 3–4)	Ba	quick 1/4
4	**LF** schl.	Front schr. z. Mi		Ba	quick 1/4

Hinweise: Der Herr dreht bei Schritt 1 Körper und Fuß stark nach rechts und hält dabei den RF vorwärts zwischen die Füße der Partnerin.
Die Dame setzt den ersten Schritt deutlich zwischen die Füße des Herrn, dreht ihren Körper stark nach rechts und setzt den LF bei Schritt 2 gut um den Partner herum.
Ungeübte Tänzer können die gesamte 7/8 -Rechtsdrehung auch auf zweimal Natural Turn (1–4, 1–4) verteilen.
Geübte können beliebig viele Drehungen hintereinander tanzen. Unabhängig von der Anzahl der Drehungen sollte der Herr am Ende mit dem Rücken schräg zur Mitte ankommen.

Endposition: Geschlossene GÜST, Herr Rücken schräg zur Mitte.

Nachher: Basic Movement 5–8, Natural Turn.

Reverse Turn

Linksdrehung

Vorher: Basic Movement 1–8 (mit 1/4 RD, 3/8 LD), Reverse Turn.

Ausgangsposition: Geschlossene GÜST, Herr Front in Tanzrichtung.

HERR: Schritte	**Bew. Richtung**	**Drehung**	**Technik**	**Rhythmus**
1 **LF** vorw.	Front in TR	1/2 LD	Fe-Ba	slow 1/2
2 **RF** diag. rückw.	Rücken in TR		Ba-flach	slow 1/2
3 **LF** seitw.	Fuß zeigt schr. z. Wa	3/8 LD	Ba	quick 1/4
4 **RF** schl.	Front schr. z. Wa		Ba	quick 1/4

DAME: Schritte	**Bew. Richtung**	**Drehung**	**Technik**	**Rhythmus**
1 **RF** rückw.	Rücken in TR	1/2 LD	Ba-flach	slow 1/2
2 **LF** vorw.	Front in TR	3/8 LD	Fe	slow 1/2
3 **RF** seitw.	Front schr. z. Mi GTR		Ba	quick 1/4
4 **LF** schl.	Rücken schr. z. Wa		Ba	quick 1/4

Hinweise: Die Dame dreht bei Schritt 1 Körper und Fuß stark nach links und hält dabei den LF vorwärts.
Der Herr dreht bei Schritt 1 seinen Körper stark nach links und setzt bei Schritt 2 den RF gut um die Partnerin herum.
Ungeübte Tänzer können die gesamte 7/8-Linksdrehung auch auf zweimal Reverse Turn (1–4, 1–4) verteilen.
Geübte können beliebig viele Drehungen hintereinander tanzen.
Unabhängig von der Anzahl der Drehungen, sollte der Herr am Ende Front schräg zur Wand ankommen.

Endposition: Geschlossene GÜST, Herr Front schräg zur Wand.

Nachher: Basic Movement 1–8, Reverse Turn.

Quarter Turn To Right Viertel-Rechtsdrehung

Vorher: Progressive Chasse, Forward Lock Step, The V6, Telemark; nach diesen Figuren Schritt 1 der Quarter Turn To Right für den Herrn RF vorw. in GBST a.P., für die Dame LF rückw. in GBST.

Ausgangsposition: Geschlossene GÜST, Herr Front schräg zur Wand.

HERR:	Schritte	Drehung	Technik	Heben/Senken	Rhythmus
1	**RF** vorw., *Front schr. z. Wa*	⅛ RD (zwischen 1 und 2)	Fe-Ba, *Gegenbew.*	a.E. etw. heben	slow ½
2	**LF** seitw., *Front z. Wa*	⅛ RD (zwischen 2 und 3)	Ba, *Neigung R*	weit. heben	quick ¼
3	**RF** schl., *Rücken schr. z. Mi*		Ba, *Neigung R*	weit. heben	quick ¼
4	**LF** seitw. l. rückw., *Rücken schr. z. Mi*		Ba-Fe	hoch, a.E. senken	slow ½

DAME:	Schritte	Drehung	Technik	Heben/Senken	Rhythmus
1	**LF** rückw., *Rücken schr. z. Wa*	¼ RD K.d.w. (zwischen 1 und 2)	Ba-Fe, *Gegenbew.*	a.E. etw. heben *n. i. Fuß*	slow ½
2	**RF** seitw., *Fuß zeigt schr. z. Mi*		Ba, *Neigung L*	weit. heben	quick ¼
3	**LF** schl., *Front schr. z. Mi*	1. Körperdrehung	Ba, *Neigung L*	weit. heben	quick ¼
4	**RF** diag. vorw., *Front schr. z. Mi*		Ba-Fe	hoch, a.E. senken	slow ½

Hinweise: Die unter »Vorher« angegebene Veränderung von Schritt 1 dient der Erhaltung des tänzerischen Schwunges in der Schrittverbindung.
Wenn die Figur in Tanzrichtung begonnen wird, drehen der Herr ¼ RD zwischen den Schritten 1 und 2, ⅛ RD zwischen 2 und 3, die Dame ⅜ RD zwischen den Schritten 1 und 2 (Körper dreht weniger).

Endposition: Geschlossene GÜST, Herr Front schräg zur Mitte.

Nachher: Progressive Chasse, Natural Spin Turn 7–9 (= Reverse Turn).

1

2

3

4

Progressive Chasse

Seitchassé

Vorher: Quarter Turn To Right, Natural Spin Turn 1–6, Chasse Reverse Turn 1–3 und Quick Open Reverse (zusätzlich ⅛ LD), Impetus Turns.

Ausgangsposition: Geschlossene GÜST, Herr Rücken schräg zur Mitte.

HERR:	Schritte	Drehung	Technik	Heben/Senken	Rhythmus
1	**RF** rückw., *Rücken schr. z. Mi*	¼ LD, K.d.w. (zwischen 1 und 2)	Ba-Fe, *Gegenbew.*	a.E. etw. heben n.i.Fuß	slow ½
2	**LF** seitw., *Fuß zeigt schr. z. Wa*		Ba	weit. heben	quick ¼
3	**RF** schl., *Front schr. z. Wa*	L. Körper-drehung	Ba	weit. heben	quick ¼
4	**LF** seitw. l. vorw., *Front schr. z. Wa*		Ba-Fe	hoch, a.E. senken	slow ½

DAME:	Schritte	Drehung	Technik	Heben/Senken	Rhythmus
1	**LF** vorw., *Front schr. z. Wa*	⅛ LD (zwischen 1 und 2)	Fe-Ba, *Gegenbew.*	a.E. etw. heben	slow ½
2	**RF** seitw., *Rücken z. Wa*	⅛ LD, K.d.w. (zwischen 2 und 3)	Ba	weit. heben	quick ¼
3	**LF** schl., *Rücken schr. z. Wa*		Ba	weit. heben	quick ¼
4	**RF** seitw. l. rückw., *Rücken schr. z. Wa*		Ba-Fe	hoch, a.E. senken	slow ½

Hinweise: Schritt 1 jeder nachfolgenden Figur wird für den Herrn RF vorwärts in GBST a.P., für die Dame LF rückwärts in GBST getanzt! Wenn die Figur Rücken in Tanzrichtung begonnen wird, dreht der Herr ⅜ LD zwischen den Schritten 1 und 2 (Körper dreht weniger). Die Position des Körpers bei den Schritten 3–4 ist zwischen Front zur Wand und Front schräg zur Wand. Die Dame tanzt ¼ LD zwischen den Schritten 1 und 2, ⅛ LD zwischen 2 und 3 (Körper dreht etwas weniger)

Endposition: Geschlossene GÜST, Herr Front schräg zur Wand.

Nachher: Quarter Turn To Right (Schritt 1 a.P.), Forward Lock Step, Natural Spin Turn 1–9 (Schritt 1 a.P.), wenn schr. z. Mi beendet und zusätzlich ein Schritt vorw. a.P., slow: Quick Open Reverse.

1

4

3

2

Nach-
her

Forward Lock Step

Vorwärts-Kreuzschritt

Vorher: Progressive Chasse, Forward Lock Step, The V6, Telemark.

Ausgangsposition: Geschlossene GÜST, Herr Front schräg zur Wand.

HERR:	Schritte	Technik	Heben/Senken	Rhythmus
1	**RF** vorw. in GBST a.P., *Front schr. z. Wa*	Fe-Ba, *Gegenbew.*	a.E. etw. heben	slow ½
2	**LF** diag. vorw., *Front schr. z. Wa*	Ba	weit. heben	quick ¼
3	**RF** hinterkreuzen, *Front schr. z. Wa*	Ba	weit. heben	quick ¼
4	**LF** diag. vorw., *Front schr. z. Wa*	Ba-Fe	hoch, a.E. senken	slow ½

DAME:	Schritte	Technik	Heben/Senken	Rhythmus
1	**LF** rückw. in GBST, *Rücken schr. z. Wa*	Ba-Fe, *l. Gegenbew.*	a.E. etw. heben n.i.Fuß	slow ½
2	**RF** rückw., *Rücken schr. z. Wa*	Ba	weit. heben	quick ¼
3	**LF** vorkreuzen, *Rücken schr. z. Wa*	Ba	weit. heben	quick ¼
4	**RF** diag. rückw., *Rücken schr. z. Wa*	Ba-Fe	hoch, a.E. senken	slow ½

Hinweise: Schritt 1 jeder nachfolgenden Figur wird für den Herrn RF vorwärts in GBST a.P., für die Dame LF rückwärts in GBST getanzt.
Der Forward Lock Step kann auch mit vertauschten Rollen, Herren- = Damenschritt und Damen- = Herrenschritt, getanzt werden. Dann nennt sich die Figur »Backward Lock Step (Rückwärts-Kreuzschritt)«.

Endposition: Geschlossene GÜST, Herr Front schräg zur Wand.

Nachher: Quarter Turn To Right (Schritt 1 a.P.), Natural Spin Turn (Schritt 1 a.P.), Forward Lock Step.

1

2

3

4

Nach-
her

Natural Spin Turn

Rechts-Kreiseldrehung

Vorher: Vor Schritt 1: Progressive Chasse, Forward Lock Step, The V6, Telemark; nach diesen Figuren Schritt 1 der Natural Spin Turn für den Herrn RF vorwärts in GBST a.P., für die Dame LF rückwärts in GBST.

Ausgangsposition: Geschlossene GÜST, Herr Front schräg zur Wand.

HERR:	Schritte	Drehung	Technik	Heben/Senken	Rhythmus
1	**RF** vorw., *Front schr. z. Wa*	¼ RD (1–2)	Fe-Ba, *Gegenbew.*	a.E. heben	slow ½
2	**LF** seitw., *Rücken schr. z. Mi*	⅛ RD (2–3)	Ba, *Neigung R*	hoch	quick ¼
3	**RF** schl., *Rücken in TR*		Ba-Fe, *Neigung R*	hoch, a.E. senken	quick ¼
4	**LF** kl. rückw., *Rücken in TR*	⅜ RD Achsendr.	Ba-Fe-Ba, *Gegenbew.*	flach	slow ½
5	**RF** vorw. in GBST, *Front schr. z. Mi*	weit.dr. ¼ RD (5–6)	Fe, *Gegenbew.*		slow ½
u.			Ba	a.E. heben	and
6	**LF** seitw. l. rückw., *Rücken schr. z. Mi GTR*		Ba-Fe	hoch, a.E. senken	slow ½
7	**RF** rückw., *Rücken schr. z. Mi GTR*	¼ LD (7–8)	Ba-Fe, *Gegenbew.*	a.E. heben n.i.Fuß	slow ½
8	**LF** kl. seitw., *Fuß zeigt schr. z. Mi*	K.d.w.	Ba, *Neigung R*	hoch	quick ¼
9	**RF** schl., *Front schr. z. Mi*	K.v.LD	Ba-Fe, *Neigung R*	hoch, a.E. senken	quick ¼

Hinweise: Die Schritte 1–3 entsprechen der Natural Turn 1–3 (Rechtsdrehung 1–3), die Schritte 4–6 entsprechen der Natural Spin Turn 4–6 (Kreiseldrehung 4–6) und die Schritte 7–9 entsprechen der Reverse Turn 4–6 (Linksdrehung 4–6) aus dem Langsamen Walzer im Rhythmus slow-quick-quick.

Natural Spin Turn

Rechts-Kreiseldrehung

DAME:	Schritte	Drehung	Technik	Heben/Senken	Rhythmus
1	**LF** rückw., *Rücken schr. z. Wa*	3/8 RD K.d.w.	Ba-Fe, *Gegenbew.*	a.E. heben n.i.Fuß	slow 1/2
2	**RF** seitw., *Fuß zeigt in TR*		Ba, *Neigung L*	hoch	quick 1/4
3	**LF** schl., *Front in TR*	K.v.RD	Ba-Fe, *Neigung L*	hoch a.E. senken	quick 1/4
4	**RF** vorw., *Front in TR*	3/8 RD achs.art.	Fe-Ba, *Gegenbew.*	flach	slow 1/2
5	**LF** rückw. l. nach L, *Rücken schr. z. Mi*	weit.dr. 1/4 RD	Ba	a.E. heben	slow 1/2
u.	**RF** o.Gew. fast schl. (Brush)				and
6	**RF** diag. vorw., *Front schr. z. Mi GTR*		Ba-Fe	hoch, a.E. senken	slow 1/2
7	**LF** vorw., *Front schr. z. Mi GTR*	1/8 LD	Fe-Ba, *Gegenbew.*	a.E. heben	slow 1/2
8	**RF** seitw., *Rücken in TR*	1/8 LD	Ba, *Neigung L*	hoch,	quick 1/4
9	**LF** schl., *Rücken schr. z. Mi*		Ba-Fe, *Neigung L*	hoch a.E. senken	quick 1/4

Hinweise: Die unter »Vorher« angegebene Veränderung von Schritt 1 dient der Erhaltung des tänzerischen Schwunges in der Schrittverbindung. Natural Spin Turn ist eine unentbehrliche Figur vor einer Linksdrehung.

Endposition: Geschlossene GÜST, Herr Front schräg zur Mitte.

Nachher: Nach Schritt 3: Impetus Turns, The V6 (nach 1–3 = 1/4 RD).
Nach Schritt 6: Progressive Chasse, The V6 (nach 4 = 1/2 RD und 5–6 = 3/8 RD).
Nach Schritt 9: Chasse Reverse Turn 1–3, Quick Open Reverse, Telemark.

Chasse
Reverse Turn 1–3

Chassé
Linksdrehung 1–3

Vorher: Natural Spin Turn 1–9, The V6 (überdreht).

Ausgangsposition: Geschlossene GÜST, Herr Front schräg zur Mitte.

HERR:	Schritte	Drehung	Technik	Heben/Senken	Rhythmus
1	**LF** vorw., *Front schr. z. Mi*	1/4 LD (1–2)	Fe-Ba, *Gegenbew.*	a.E. heben	slow 1/2
2	**RF** seitw., Rücken schr. z. Wa	1/8 LD (2–3)	Ba, *Neigung L*	hoch	quick 1/4
3	**LF** schl., *Rücken in TR*		Ba-Fe, *Neigung L*	hoch, a.E. senken	quick 1/4

DAME:	Schritte	Drehung	Technik	Heben/Senken	Rhythmus
1	**RF** rückw., *Rücken schr. z. Mi*	3/8 LD (1–2)	Ba-Fe, *Gegenbew.*	a.E. heben n.i. Fuß	slow 1/2
2	**LF** seitw., *Fuß zeigt in TR*	K.d.w.	Ba, *Neigung R*	hoch	quick 1/4
3	**RF** schl., *Front in TR*	K.v.LD	Ba-Fe, *Neigung R*	hoch, a.E. senken	quick 1/4

Endposition: Geschlossene GÜST, Herr Rücken in Tanzrichtung.

Nachher: Progressive Chasse.

1

3

2

Quick Open Reverse Gelaufene Linksdrehung

Vorher: Natural Spin Turn 1–9, Progressive Chasse und The V6 bei einem Schritt zusätzlich für den Herrn RF vorw. in GBST a.P., für die Dame LF rückw. in GBST (slow).

Ausgangsposition: Geschlossene GÜST, Herr Front schräg zur Mitte.

HERR:	Schritte	Drehung	Technik	Heben/Senken	Rhythmus
1	**LF** vorw., *Front schr. z. Mi.*	} 1/4 LD	Fe-Ba, *Gegenbew.*	a.E. heben	slow 1/2
2	**RF** rückw., Rücken schr. z. Wa	} 1/8 LD	Ba, *Neigung L*	hoch	quick 1/4
3	**LF** rückw. in GBST, *Rücken in TR*		Ba-Fe, *Neigung L*	hoch, a.E. senken	quick 1/4

DAME:	Schritte	Drehung	Technik	Heben/Senken	Rhythmus
1	**RF** rückw., *Rücken schr. z. Mi.*	} 3/8 LD K.d.w.	Ba-Fe, *Gegenbew.*	a.E. heben n.i. Fuß	slow 1/2
2	**LF** seitw. l. vorw., *Fuß zeigt in TR*		Ba, *Neigung R*	hoch	quick 1/4
3	**RF** vorw. in GBST a.P., *Front in TR*	l. Körper-drehung	Ba-Fe, *Neigung R*	hoch, a.E. senken	quick 1/4

Hinweise: Beginnt die Figur Front in Tanzrichtung, tanzen der Herr 3/8 LD und die Dame 1/2 LD zwischen den Schritten 1 und 2.

Endposition: Geschlossene GÜST, Herr Rücken in Tanzrichtung.

Nachher: Progressive Chasse.

1

3

2

The V6

Die V6

Vorher: Natural Spin Turn 1–3 oder vor Schritt 2: 1–6 überdreht, Closed Impetus.

Ausgangsposition: Geschlossene GÜST, Herr Rücken schräg zur Mitte.

HERR:	Schritte	Drehung	Technik	Heben/Senken	Rhythmus
1	**LF** rückw., *Rücken schr. z. Mi*		Ba-Fe, *Gegenbew.*	*a.E. etw. heben* n.i.Fuß	slow ½
2	**RF** rückw., Schulterf. R *Rücken schr. z. Mi*		Ba	weit. heben	quick ¼
3	**LF** vorkreuzen, *Rücken schr. z. Mi*		Ba	weit. heben	quick ¼
4	**RF** rückw., *Rücken schr. z. Mi*		Ba-Fe	hoch, a.E. senken	slow ½
5	**LF** rückw. in GBST, *Rücken schr. z. Mi*		Ba-Fe	a.E. etw. heben n.i.Fuß	slow ½
6	**RF** rückw., *Rücken schr. z. Mi*	¼ LD K.d.w.	Ba, *Gegenbew.*	weit. heben	quick ¼
7	**LF** seitw. l. vorw., *Fuß zeigt schr. z. Wa*		Ba-Fe	hoch, a.E. senken	quick ¼

DAME:	Schritte	Drehung	Technik	Heben/Senken	Rhythmus
1	**RF** vorw., *Front schr. z. Mi*		Fe-Ba, *Gegenbew.*	a.E. etw. heben	slow ½
2	**LF** vorw. Schulterf. L, *Front schr. z. Mi*		Ba	weit. heben	quick ¼
3	**RF** hinterkreuzen, *Front schr. z. Mi*		Ba	weit. heben	quick ¼
4	**LF** vorw. vorber. außens., *Front schr. z. Mi*		Ba-Fe	hoch, a.E. senken	slow ½
5	**RF** vorw. in GBST a.P., *Front schr. z. Mi*		Fe-Ba	a.E. etw. heben	slow ½
6	**LF** vorw., *Front schr. z. Mi*	¼ LD K.d.w.	Ba, *Gegenbew.*	weit. heben	quick ¼
7	**RF** seitw. l. rückw., *Rücken schr. z. Wa*		Ba-Fe	hoch, a.E. senken	quick ¼

Hinweise: Schritt 1 jeder nachfolgenden Figur wird für den Herrn RF vorwärts in GBST a. P., für die Dame LF rückwärts in GBST getanzt.

Endposition: Geschlossene GÜST, Herr Front schräg zur Wand.

Nachher: Quarter Turn To Right (Schritt 1 a. P.), Forward Lock Step, Natural Spin Turn (Schritt 1 a. P.), nach einem zusätzlichen Schritt a. P. = slow Quick Open Reverse.

1

2

3

4

5

6

7

Impetus Turns

Impetus Drehungen

Vorher: Natural Spin Turn 1–3 (= Natural Turn 1–3), Lock Step Forward (Rollentausch, Schritt 1 für die Dame RF vorw. in GBST a. P.).

Hinweise: Unter Impetus Turns versteht man den Closed Impetus (Geschlossener Impetus) und den Open Impetus (Offener Impetus). Diese Figuren sind auf Seite 118–121 im Slowfox ausführlich beschrieben. Sie können auf mehrere Tänze übertragen werden; dies gilt weitgehend auch für den Quickstep. Der Rhythmus der Impetus Turns ist im Quickstep slow-slow-slow.

Nachher: Progressive Chasse, Reverse Turn 4–6 (siehe Natural Spin Turn 7–9), Lock Step Forward (Rollentausch), The V6.

Telemark

Telemark

Vorher: Natural Spin Turn 1–9.

Hinweise: Diese Figur kann ebenfalls auf mehrere Tänze übertragen werden, so auch weitgehend auf den Quickstep. Ausführliche Beschreibung s. Seite 128 im Slowfox. Der Rhythmus des Telemarks ist im Quickstep slow-slow-slow.
Schritt 1 jeder nachfolgenden Figur wird für den Herrn RF vorwärts in GBST a. P., für die Dame LF rückwärts in GBST getanzt.

Nachher: Quarter Turn To Right (Schritt 1 a. P.), Forward Lock Step, Natural Spin Turn 1–9 (Schritt 1 a. P.).

Figurenfolgen

Aus den bisher beschriebenen Figuren werden drei Figurenfolgen vorgeschlagen. Sie sind so zusammengestellt, daß sie in sich wiederholt werden können.

Figuren		***Schritte***	***Takte***
Foxtrott-Folge			
Basic Movement	→ Seite 88	1–8, 1–4	4 ½
Natural Turn	→ Seite 90	1–4	1 ½
Basic Movement	→ Seite 88	5–8, 1–8	4 ½
Reverse Turn	→ Seite 91	1–4	1 ½
			12
Quickstep-Folge 1			
Quarter Turn To Right	→ Seite 92	1–4	1 ½
Progressive Chasse	→ Seite 94	1–4	1 ½
Forward Lock Step	→ Seite 96	1–4	1 ½
Natural Spin Turn (Schritt 1 a. P.)	→ Seite 98	1–9	3 ½
Chasse Reverse Turn	→ Seite 100	1–3	1
Progressive Chasse	→ Seite 94	1–4	1 ½
			10 ½
Quickstep-Folge 2			
Natural Spin Turn (überdreht)	→ Seite 98	1–6	2 ½
The V6	→ Seite 104	2–7	2
Forward Lock Step	→ Seite 96	1–4	1 ½
Natural Spin Turn (Schritt 1 a. P.)	→ Seite 98	1–3	1
Open Impetus	→ Seite 106	1–3	1 ½
Progressive Chasse (mit zus. slow a. P.)	→ Seite 94	1–4	2
Quick Open Reverse	→ Seite 102	1–3	1
Progressive Chasse	→ Seite 94	1–4	1 ½
			13

Slowfox

Wie tanzt man Slowfox?

Der **tänzerische Charakter** des Slowfox äußert sich in weiträumigen, kontinuierlich fließenden, wellenartigen Gehbewegungen. Mit lässiger Eleganz werden langgestreckte Schwünge getanzt und durch schnelle Drehungen und überraschende Posen verzaubert, die sich nahtlos in die Fortbewegung einfügen.
Der mehrfache Weltmeister und Trainer Karl Breuer beschreibt den Slowfox treffend: »Er ist insofern der leichteste Standardtanz, als er am meisten auf den natürlichen Gehbewegungen beruht. Der Fuß kann im Slowfox einfach dorthin gesetzt werden, wo das Gewicht hin will. Er ist insofern aber auch der schwierigste Standardtanz, als es entscheidend darauf ankommt, ihn nicht langweilig wirken zu lassen. Das gelingt nur, wenn man ihn sehr extensiv tanzt und ihn sehr intensiv musikalisch interpretiert. Aus der Wellenbewegung darf keine Berg- und Talbahn werden, in den Tanz muß das charakteristische ›englische Understatement‹ kommen.«

Geschlossene Tanzhaltung

In **geschlossener Gegenüberstellung** stehen sich die Partner frontal und jeweils leicht nach links versetzt gegenüber. Die Füße sind parallel geschlossen, wobei der rechte Fuß des einen Partners zwischen die Füße des anderen zeigt, sie aber nicht berührt. Das Körpergewicht ruht auf dem vorderen Teil des Standfußes, während der andere Fuß unbelastet herangeschlossen ist. Die Knie sind »weich gestreckt«, das bedeutet, nicht durchgedrückt, sondern flexibel und bewegungsbereit.
In der Seitenansicht verläuft eine senkrechte Linie durch Ohr, Schulter, Hüfte, Knie und Ballen des Standfußes. Körperkontakt haben beide Partner zwischen dem unteren Rippenbogen und der Leistengegend auf der rechten Körperfront, entsprechend dem jeweiligen Größenverhältnis. Die Schulterlinien verlaufen parallel; auch in der Bewegung, bei Vorwärts-, Rückwärts-, Seitwärts- und außenseitlichen Schritten, sollte die geschlossene Gegenüberstellung nicht verändert werden.
Die Armhaltung dient der Balance und der Erhaltung des Körperkontaktes. Keiner darf durch Festhalten beim Partner das Gleichgewicht suchen. Die rechte Hand des Herrn liegt mit geschlossenen Fingern und leichtem Druck etwas unterhalb des linken Schulterblattes der Dame. Sein rechter Unterarm sollte vom Ellenbogen aus schräg nach unten gehalten werden, das Handgelenk darf nicht abknicken. Die Finger bilden mit dem rechten Unterarm eine gerade Linie. Die Dame legt ihre linke Hand ohne Gewicht auf seinen rechten unteren Oberarm. Sie imitiert mit ihrem linken Unterarm seine rechte Oberarmlinie und verlängert sie nach außen. Seine linke Hand umfaßt ihre rechte Hand so, daß die vier Finger seiner Hand

Astrid und André Groger, Berlin

auf ihrem rechten Handrücken ruhen, die beiden Daumen gekreuzt sind und ein kleiner Luftraum zwischen den gefaßten Händen entsteht. Arme und Ellenbogen werden seitlich vom Körper weggehalten und leicht nach vorne geneigt. Je nach Größenverhältnis befinden sich die gefaßten Hände zwischen den Augenhöhen der Partner. Beide schauen über die rechte Schulter des Partners nach außen.

Promenaden-Tanzhaltung

In der sogenannten **Promenadenstellung** öffnen die Tänzer ihre vorher parallele Körperposition V-förmig in Richtung der gefaßten Hände. Die Fußspitzen der Partner stehen bei entweder geschlossenen Füßen oder Schrittstellung in einem annähernd rechten Winkel. In der Bewegung soll sich das linke Bein der Dame immer hinter dem rechten Bein des Herrn befinden. Ihre linke Hüfte sollte ständig hinter seiner rechten Hüfte bleiben, damit der Körperkontakt nicht unterbrochen wird. Die Schultern beider Partner bilden einen Winkel zueinander, der mit Rücksicht auf die Armlinien deutlich kleiner ist als 90°. Beide sollten darauf achten, daß kein Ellenbogen hinter die eigene Rückenlinie gerät und weder die Arme noch Hände heruntersinken. Herr und Dame schauen in die gleiche Richtung, wobei die Köpfe weder nach vorne gebeugt noch seitlich geneigt werden; sie bleiben einfach gerade.

Technik

Alle Schritte im Slowfox haben etwa die gleiche Schrittlänge. Der Körper

Musik: Langsam fließend, dezent, melodisch, regelmäßig. Die Taktschläge 1 und 3 werden betont. Saxophon, Klarinette oder Violine unterstreichen die Eleganz des Tanzes.

Takt: $4/4$

		1 Takt				1 Takt			
Rhythmus:	Notenwerte	1/4	1/4	1/4	1/4	1/4	1/4	1/4	1/4
	Zählweise	slow		quick	quick	slow		quick	quick

Bei jedem »slow« erfolgt die Gewichtsübertragung auf dem ersten oder dritten Taktviertel. Es kann nur eine gerade Anzahl von »quick«-Schritten getanzt werden.

Tempo: Je nach Können sind 28–30 Takte pro Minute möglich.
Im Turnier: 30 Takte pro Minute.

muß sich ständig in Fortbewegung befinden. Die Bewegungen der Beine sind kontinuierlich und unterstützen den Laufcharakter des Tanzes.
Vorwärtsschritte auf »slow« werden mit der Ferse begonnen und auf »quick« mit dem Ballen getanzt.
Bei Rückwärtsschritten muß die Dame den nicht belasteten Fuß über die Ferse nach hinten ziehen und bis in die Höhe des Standbeines führen.

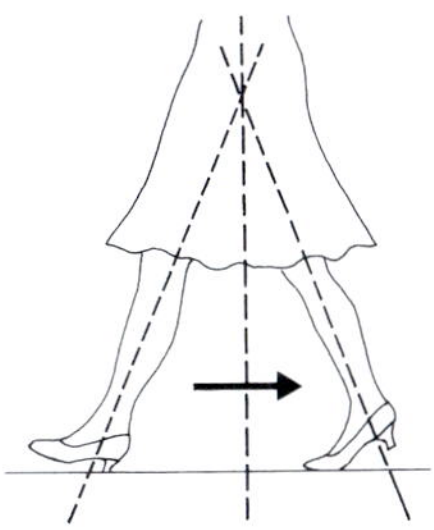

Rückwärtsschritt der Dame

Es gibt ein für den Slowfox typisches Heben und Senken. Bei »slow« ist der Körper am tiefsten, bei allen »quicks« soll er gleich hoch sein. Am Ende des letzten »quick« wird bereits abgesenkt, man zählt daher manchmal »quick-and«. Das Heben und Senken ist nicht sehr ausgeprägt, verglichen mit dem des Langsamen Walzers, denn es soll eine langgestreckte Wellenbewegung sichtbar werden.
Gegenbewegungen entwickeln sich harmonisch aus der vorhergehenden Bewegung und dürfen nicht ruckartig künstlich erzeugt werden. Mit Hilfe der Neigungen wird der Drehschwung kontrolliert und die Balance gehalten. (Gegenbewegung und Neigung s. Seite 15).

Slowfox ist ein technisch anspruchsvoller Tanz. Er wird aus diesem Grund in den Tanzschulen erst den weiter fortgeschrittenen Paaren unterrichtet. Für die Tanzabzeichen wird Slowfox von den Amateur- und Profiverbänden erst ab der Goldstufe verlangt.

Grundbewegungen
Die Bewegung des Körpers im Slowfox soll gleitend, fließend und gleichmäßig sein, ohne jeglichen Stop, obwohl der Rhythmus slow-quick-quick getanzt wird. Abwechselnd schwingt die eine, dann die andere Körperseite leicht nach vorne und erzeugt eine harmonische Gegenbewegung bzw. Schulterführung. Die außenseitlichen Schritte ergeben sich fast automatisch daraus.
Schon in den beiden Grundfiguren Feather Step und Three Step können die Tänzer ihr ganzes Können zeigen.

Auswahl der Figuren
Es wurden die populärsten und technisch leichtesten Figuren aus der Palette der Grund- und Medaillenfiguren ausgewählt. Sie sind alle so beschrieben, daß man sie selbständig, nach Baukastenart, zu Übungsfolgen zusammenstellen kann.
Grundfiguren sind Feather Step, Three Step und Natural Turn 1–3.
Der Gold-Stufe entsprechen Closed Impetus, Open Impetus, Feather Ending, Reverse Turn, Natural Weave, Closed Telemark, Open Telemark, Whisk und Weave From Promenade Position.

Feather Step

Federschritt

Vorher: Three Step, Open Impetus und Open Telemark (Dame tanzt ersten Schritt vorw., 3/8 LD zwischen den Schritten 1–2), Closed Telemark (Herr tanzt Schritt 1 in GBST a.P.).

Ausgangsposition: Geschlossene GÜST, Herr Front in Tanzrichtung.

HERR:	Schritte	Technik	Heben/Senken	Rhythmus
1	**RF** vorw., *Front in TR*	Fe-Ba, *Gegenbew.*	a.E. heben	slow ½
2	**LF** vorw., vorber. außens., Schulterf. L, *Front in TR*	Ba, *Neigung R*	hoch	quick ¼
3	**RF** vorw. in GBST a.P., *Front in TR*	Ba-Fe, *Neigung R*	hoch, a.E. senken	quick ¼

DAME:	Schritte	Technik	Heben/Senken	Rhythmus
1	**LF** rückw., *Rücken in TR*	Ba-Fe, *Gegenbew.*	a.E. heben n.i.Fuß	slow ½
2	**RF** rückw., Schulterf. R, *Rücken in TR*	Ba-Fe, *Neigung L*	hoch, n.i.Fuß	quick ¼
3	**LF** rückw. in GBST, *Rücken in TR*	Ba-Fe, *Neigung L*	hoch n.i.Fuß, a.E. senken	quick ¼

Hinweise: Bei jedem Rückwärtsschritt wird der nicht belastete Fuß über die Ferse nach hinten gezogen (s. Seite 111).
Feather Step kann auch Schräg zur Mitte, schräg zur Wand, außenseitlich oder aus Promenadenstellung begonnen werden. Aus Promenadenstellung tanzt der Herr Schritt 1 vorw. in GBST a.P., die Dame rückw. in GBST.

Endposition: Geschlossene GÜST, Herr Front in Tanzrichtung.

Nachher: Three Step, Reverse Turn, Closed Telemark, Open Telemark, Whisk.

Three Step

Dreierschritt

Vorher: Feather Step, Feather Ending, Reverse Turn, Natural Weave, Weave From Promenade Position.

Ausgangsposition: Geschlossene GÜST, Herr Front in Tanzrichtung.

HERR:	**Schritte**	**Technik**	**Heben/Senken**	**Rhythmus**
1	**LF** vorw., *Front in TR*	Fe-g.Fuß, *Gegenbew.*	flach	slow ½
2	**RF** vorw., l. Schulterf.R, *Front in TR*	Fe-Ba, *Neigung L*	a.E. heben	quick ¼
3	**LF** vorw., l. Schulterf.R, *Front in TR*	Ba-Fe, *Neigung L*	hoch, a. E. senken	quick ¼

DAME:	**Schritte**	**Technik**	**Heben/Senken**	**Rhythmus**
1	**RF** rückw., l. Schulterf.L, *Rücken in TR*	Ba-g.Fuß *Gegenbew.*	flach	slow ½
2	**LF** rückw., l. Schulterf.L, *Rücken in TR*	Ba-Fe, *Neigung R*	a.E. heben	quick ¼
3	**RF** rückw., *Rücken in TR*	Ba-Fe, *Neigung R*	hoch n.i.Fuß, a.E. senken	quick ¼

Hinweise: Bei jedem Rückwärtsschritt wird der unbelastete Fuß über die Ferse nach hinten gezogen (s. Seite 111).
Three Step kann auch schräg zur Mitte oder schräg zur Wand begonnen werden.

Endposition: Geschlossene GÜST, Herr Front in Tanzrichtung.

Nachher: Feather Step, Natural Turn 1–3, Natural Weave.

Natural Turn 1–3

Rechtsdrehung 1–3

Vorher: Three Step, Closed Telemark (Herr tanzt den ersten Schritt a.P.), Open Impetus und Open Telemark (Dame tanzt bei Schritt 1: LF vorkreuzen in Prom.St. und GBST – ohne Fersendrehung, 3/8 LD zwischen den Schritten 1–2).

Ausgangsposition: Geschlossene GÜST, Herr Front in Tanzrichtung.

HERR:	Schritte	Drehung	Technik	Heben/Senken	Rhythmus
1	**RF** vorw., *Front in TR*	3/8 RD (1–2)	Fe-Ba *Gegenbew.*	a.E. heben	slow 1/2
2	**LF** seitw., *Rücken schr. z. Mi*	1/8 RD (2–3)	Ba, *Neigung R*	hoch	quick 1/4
3	**RF** rückw., *Rücken in TR*	*Neigung R*	Ba-Fe,	hoch, a.E. senken	quick 1/4

DAME:	Schritte	Drehung	Technik	Heben/Senken	Rhythmus
1	**LF** rückw., *Rücken in TR*	1/2 RD Fersen-drehung (1–2)	Ba-Fe, *Gegenbew.*	a.E. etw. heben n.i.Fuß,	slow 1/2
2	**RF** schl., *Front in TR*		Fe-Ba, *Neigung L*	weit. heben	quick 1/4
3	**LF** vorw., *Front in TR*		Ba-Fe, *Neigung L*	hoch, a.E. senken	quick 1/4

Hinweise: Bei der Fersendrehung sollte die Dame darauf achten, daß die Füße zu Beginn der Bewegung parallel geschlossen werden und während der gesamten Drehung so verbleiben. Die Position wird erst am Ende von Schritt 2, nach dem Heben auf beide Ballen, aufgelöst.
Natural Turn 1–3 kann auch schräg zur Wand begonnen werden: 1/4 RD zwischen den Schritten 1 und 2, dann 1/8 RD zwischen 2 und 3.
Die Schritte 4–6 des Natural Turn (Alex Moore) enthalten einen für den Herrn schwierigen »Fersenzug«. In der modernen Verbindung von Natural Turn 1–3 und Closed/Open Impetus wird diese Schwierigkeit umgangen.

Endposition: Geschlossene GÜST, Herr Rücken in Tanzrichtung.

Nachher: Closed/Open Impetus.

1

2

3

Reverse Turn

Linksdrehung

Vorher: Feather Step, Feather Ending, Natural Weave.

Ausgangsposition: Geschlossene GÜST, Herr Front schräg zur Mitte.

HERR:	**Schritte**	**Drehung**	**Technik**	**Heben/Senken**	**Rhythmus**
1	**LF** vorw., *Front schr. z. Mi*	¼ LD	Fe-Ba, *Gegenbew.*	a.E. heben	slow ½
2	**RF** seitw., *Rücken schr. z. Wa*	⅛ LD	Ba, *Neigung L*	hoch	quick ¼
3	**LF** rückw., *Rücken in TR*		Ba-Fe, *Neigung L*	hoch, a.E. senken	quick ¼
4	**RF** rückw., *Rücken in TR*	⅜ LD	Ba-Fe-Ba, *Gegenbew.*	a.E. heben	slow ½
5	**LF** seitw. l. vorw. *Fuß zeigt schr. z. Wa*	K.d.w.	Ba, *Neigung R*	hoch	quick ¼
6	**RF** vorw. in GBST a.P., *Front schr. z. Wa*		Ba-Fe, *Neigung R*	hoch a.E. senken	quick ¼

DAME:	**Schritte**	**Drehung**	**Technik**	**Heben/Senken**	**Rhythmus**
1	**RF** rückw., *Rücken schr. z. Mi*	⅜ LD Fersen-	Ba-Fe, *Gegenbew.*	a.E. etw. heben n.i.Fuß,	slow ½
2	**LF** schl., *Front in TR*	drehung	Fe-Ba, *Neigung R*	weit. heben	quick ¼
3	**RF** vorw., *Front in TR*		Ba-Fe, *Neigung R*	hoch, a.E. senken	quick ¼
4	**LF** vorw., *Front in TR*	¼ LD	Fe-Ba, *Gegenbew.*	a.E. heben	slow ½
5	**RF** seitw., *Rücken z. Wa*	⅛ LD	Ba-Fe, *Neigung L*	hoch	quick ¼
6	**LF** rückw. in GBST, *Rücken schr. z. Wa*	K.d.w.	Ba-Fe, *Neigung L*	hoch n. i. Fuß, senken	quick ¼

Hinweise: Die Schritte 4–6 entsprechen der Figur Feather Ending. Die Dame muß beim letzten Schritt darauf achten, daß der unbelastete rechte Fuß beim Weitertanzen über die Ferse nach hinten gezogen wird.

Endposition: Geschlossene GÜST, Herr Front schräg zur Wand.

Nachher: Three Step, Whisk.

Closed Impetus

Geschlossener Impetus

Vorher: Natural Turn 1–3.

Ausgangsposition: Geschlossene GÜST, Herr Rücken in Tanzrichtung.

HERR:	Schritte	Drehung	Technik	Heben/Senken	Rhythmus
1	**LF** rückw., *Rücken in TR*	3/8 RD Fersen-drehung (Schritte 1–2)	Ba-Fe *Gegenbew.*	flach	slow 1/2
2	**RF** schl., *Front schr. z. Mi*		Fe drehung	*Neigung L*	quick (quick + and = 1/4)
u.		1/4 RD (Schritte u.–3)	Ba	a.E. heben	and
3	**LF** seitw. l. rückw., Rücken schr. z. Mi, *GTR*		Ba-Fe	hoch, a.E. senken	quick 1/4

DAME:	Schritte	Drehung	Technik	Heben/Senken	Rhythmus
1	**RF** vorw., *Front in TR*	3/8 RD (Schritte 1–2)	Fe-Ba *Gegenbew.*	flach	slow 1/2
2	**LF** seitw., *Rücken schr. z. Mi*		Ba, *Neigung R*		quick (quick + and = 1/4)
u.	**RF** o. Gew. fast schl. (Brush)	1/4 RD (Schritte u.–3)		a.E. heben	and
3	**RF** diag. vorw., *Front schr. z. Mi, GTR*		Ba-Fe	hoch, a.E. senken	quick 1/4

Hinweise: Der Closed Impetus kann auch mehr gedreht werden: 1/2 RD zwischen den Schritten 1–2 und 3/8 RD zwischen den Schritten 2–3. Bei der Fersendrehung sollte der Herr darauf achten, daß die Füße zu Beginn der Bewegung parallel geschlossen werden und während der 3/8 RD so verbleiben. Erst wenn beide Partner am Ende von Schritt 2 auf die Ballen heben, wird diese Fußposition aufgelöst.
Die Dame sollte bei Schritt 2 den LF großzügig um den Herrn herumsetzen.

Endposition: Geschlossene GÜST, Herr Rücken schräg zur Mitte gegen die Tanzrichtung.

Nachher: Feather Ending, Reverse Turn 4–6 (3/8 LD).

1

und

2

3

Open Impetus

Offener Impetus

Vorher: Natural Turn 1–3.

Ausgangsposition: Geschlossene GÜST, Herr Rücken in Tanzrichtung.

HERR:	Schritte	Drehung	Technik	Heben/Senken	Rhythmus
1	**LF** rückw., *Rücken in TR*	3/8 RD	Ba-Fe *Gegenbew.*	flach	slow 1/2
2	**RF** schl., *Front schr. z. Mi*	Fersen-drehung	Fe *Neigung L*		quick } 1/4
u.		leichte	Ba	a.E. heben	and } 1/4
3	**LF** diag. vorw., in Prom.St. Fuß schr. z. Mi, *Front in TR*	Körper-dr. n. R.	Ba-Fe	hoch, a.E. senken	quick 1/4

DAME:	Schritte	Drehung	Technik	Heben/Senken	Rhythmus
1	**RF** vorw., *Front in TR*	3/8 RD	Fe-Ba *Gegenbew.*	flach	slow 1/2
2	**LF** seitw., *Rücken schr. z. Mi*		Ba, *Neigung R*		quick } 1/4
u.	**RF** o. Gew. fast schl. (Brush)	3/8 RD		a.E. heben	and } 1/4
3	**RF** seitw., in Prom.St., *Fuß z. Mi, Bew. schr. z. Mi*		Ba-Fe	hoch, a.E. senken	quick 1/4

Hinweise: Bei der Promenadenstellung sollte die Dame mit ihrer linken Hüfte hinter der rechten Hüfte des Herrn bleiben. Die Promenadenstellung hat V-Form und darf auch bei dem nachfolgenden Schritt nicht mehr als notwendig geöffnet werden.

Endposition: Promenadenstellung, Bewegung geht schräg zur Mitte.

Nachher: Feather Ending (Dame tanzt Schritt 1 vorwärts, 3/8 LD zwischen den Schritten 1–2), Weave From Promenade Position.

1

und

2

3

Feather Ending

Federschrittende

Vorher: Closed Impetus, Open Impetus (Herr tanzt Schritt 1 vorwärts), Reverse Turn 1–3, Natural Weave 1–3.

Ausgangsposition: Geschlossene GÜST, Herr Rücken in Tanzrichtung.

HERR:	**Schritte**	**Drehung**	**Technik**	**Heben/Senken**	**Rhythmus**
1	**RF** rückw., *Rücken in TR*	3/8 *LD* (1–2)	Ba-Fe-Ba, *Gegenbew.*	a.E. heben	slow 1/2
2	**LF** seitw. l. vorw., *Fuß zeigt schr. z. Wa*	K.d.w.	Ba, *Neigung R*	hoch	quick 1/4
3	**RF** vorw. in GBST a.P., *Front schr. z. Wa*		Ba-Fe, *Neigung R*	hoch, a.E. senken	quick 1/4

DAME:	**Schritte**	**Drehung**	**Technik**	**Heben/Senken**	**Rhythmus**
1	**LF** vorw., *Front in TR*	1/4 LD (1–2)	Fe-Ba, *Gegenbew.*	a.E. heben	slow 1/2
2	**RF** seitw., *Rücken z. Wa*	1/8 LD (2–3)	Ba-Fe, *Neigung L*	hoch	quick 1/4
3	**LF** rückw. in GBST, *Rücken schr. z. Wa*		Ba-Fe, *Neigung L*	hoch n.i.Fuß, a.E. senken	quick 1/4

Hinweise: Die Dame muß beim letzten Schritt darauf achten, daß der unbelastete rechte Fuß beim Weitertanzen über die Ferse nach hinten gezogen wird (technische Erklärungen Seite 111).
Feather Ending ist eine Abwandlung des Federschrittes und dient häufig als Übergang von einer rechts- zu einer linksdrehenden Figur. In einigen Figuren, wie in Reverse Turn 4–6 und Natural Weave 5–7, ist Feather Ending bereits enthalten. Abweichungen in Drehgrad, Heben und Senken sind je nach Verbindung erforderlich.

Endposition: Geschlossene GÜST, Herr Front schräg zur Wand.

Nachher: Three Step. Nach 1/2 LD: Reverse Turn, Closed/Open Telemark.

1

2

3

Natural Weave

Rechtsflechte

Vorher: Three Step, Whisk (s. Seite 130 im Rhythmus slow-quick-quick) und Open Telemark (Dame bei Schritt 1: LF klein vorkreuzen in Prom.St. und GBST – ohne Fersendrehung, Schritt 2 zwischen die Füße des Herrn RF klein vorw.; Herr bei Schritt 1: ¼ RD, Schritt 2 geschlossene GÜST).

Ausgangsposition: Geschlossene GÜST, Herr Front in Tanzrichtung.

HERR:	Schritte	Drehung	Technik	Heben/Senken	Rhythmus
1	**RF** vorw., *Front in TR*	fast ⅜ RD (Schritte 1–2)	Fe-Ba, *Gegenbew.*	a.E. heben	slow ½
2	**LF** seitw., *Rücken fast schr. z. Mi*	leichte RD (Schritte 2–3)	Ba, *Neigung R*	hoch	quick ¼
3	**RF** rückw., Schulterf.R, *Rücken schr. z. Mi*		Ba	hoch	quick ¼
4	**LF** rückw. in GSBT *Rücken schr. z. Mi*		Ba, *Neigung L*	hoch	quick ¼
5	**RF** rückw., *Rücken schr. z. Mi*	¼ LD K.d.w. (Schritte 5–6)	Ba, *Gegenbew.*	hoch	quick ¼
6	**LF** seitw. l. vorw., *Fuß zeigt schr. z. Wa*		Ba, *Neigung R*	hoch	quick ¼
7	**RF** vorw., in GBST a.P., *Front schr. z. Wa*		Ba-Fe, *Neigung R*	hoch, a.E. senken	quick ¼

Hinweise: Natural Weave kann auch aus der Promenadenstellung begonnen werden (s. oben).
Eine stetige Drehbewegung zwischen den Schritten 2 und 3 ist notwendig, um den fließenden Charakter der Figur zu unterstützen.
Bei Schritt 4 kann man auch Ba-Fe tanzen. Dann wird bei Schritt 5 wieder in den Knien gehoben.

Abbildungen s. Seite 126/127.

Natural Weave

Rechtsflechte

DAME:	Schritte	Drehung	Technik	Heben/Senken	Rhythmus
1	**LF** rückw., *Rücken in TR*	3/8 RD, Fersen-drehung	Ba-Fe, *Gegenbew.*	a.E. etw. heben n.i.Fuß	slow 1/2
2	**RF** schl., *Front schr. z. Mi*		Fe-Ba, *Neigung L*	weit.heben	quick 1/4
3	**LF** vorw., vorber. außens., Schulterf.L *Front schr. z. Mi*		Ba	hoch	quick 1/4
4	**RF** vorw., in GBST a.P., *Front schr. z. Mi*		Ba, *Neigung R*	hoch	quick 1/4
5	**LF** vorw., *Front schr. z. Mi*	1/8 LD	Ba, *Gegenbew.*	hoch	quick 1/4
6	**RF** seitw., *Rücken z. Wa*	1/8 LD	Ba-Fe, *Neigung L*	hoch	quick 1/4
7	**LF** rückw. in GBST *Rücken schr. z. Wa*	K.d.w.	Ba-Fe, *Neigung L*	hoch n.i.Fuß, a.E. senken	quick 1/4

Hinweise: Die Dame muß beim letzten Schritt darauf achten, daß der unbelastete rechte Fuß beim Weitertanzen über die Ferse nach hinten gezogen wird (s. Seite 111).

Endposition: Geschlossene GÜST, Herr Front schräg zur Wand.

Nachher: Three Step, Whisk (s. Seite 130 im Rhythmus slow-quick-quick).

Abbildungen s. Seite 126/127.

4

3

Nachher

7

2

1

6

5

Closed Telemark (a) / Open Telemark (b)

Geschlossener Telemark / Offener Telemark

Vorher: Feather Step, Feather Ending, Natural Weave.

Ausgangsposition: Geschlossene GÜST, Herr Front schräg zur Mitte.

HERR: Schritte	Drehung	Technik	Heben/Senken	Rhythmus
1 **LF** vorw., *Front schr. z. Mi*	fast 3/8 LD	Fe-Ba, *Gegenbew.*	a.E. heben	slow ½
2 **RF** seitw., fast *Rücken in TR*	etw. über 3/8 LD K.d.w.	Ba, *Neigung L*	hoch	quick ¼
3 a) **LF** seitw. l. vorw., *Fuß zeigt schr. z. Wa*		Ba-Fe	hoch, a.E. senken	quick ¼
b) **LF** seitw. in Prom. Pos. *Front schr. z. Wa GTR*	1/8 LD			

DAME: Schritte	Drehung	Technik	Heben/Senken	Rhythmus
1 **RF** rückw., *Rücken schr. z. Mi*	3/8 LD	Ba-Fe, *Gegenbew.*	a.E. etw. heben n.i. Fuß	slow ½
2 **LF** schl., *Front in TR*	Fersendr. 3/8 LD K.d.w.	Fe-Ba, *Neigung R*	weit. heben	quick ¼
3 a) **RF** seitw. l. rückw., *Rücken schr. z. Wa*		Ba-Fe	hoch, a.E. senken	quick ¼
b) **RF** diag. vorw. in Prom. Pos. *Front schr. z. Wa*	ohne Drehung			

Endposition: Geschlossene GÜST, Herr Front schräg zur Wand.

Nachher: Nach Closed Telemark: Feather Step, Natural Turn 1–3, Natural Weave.
Nach Open Telemark: Natural Weave.

2

1

3b

3a

Whisk

Wischer

Vorher: Feather Step, Feather Ending, Reverse Turn, Natural Weave, Weave From Promenade Position.

Hinweise: Diese Figur kann auf mehrere Tänze übertragen werden. Sie ist auf Seite 32 im Langsamen Walzer ausführlich beschrieben und kann weitgehend auf den Slowfox übertragen werden. Der Rhythmus ist im Slowfox slow-quick-quick.

Nachher: Feather Step (aus Prom.St. s. Seite 112), Natural Weave, Weave From Promenade Position.

Weave from Prom. Pos.

Flechte aus Promenadenstellung

Vorher: Open Impetus, Open Telemark, Whisk.

Hinweise: Diese Figur kann auf mehrere Tänze übertragen werden. Sie ist auf Seite 38 im Langsamen Walzer ausführlich beschrieben und kann weitgehend auf den Slowfox übertragen werden.

Veränderungen: Im Slowfox hat die Figur einen siebten Schritt:

7 Herr, RF vorw. in GBST a.P., Front schr. z. Wa, 3/8 LD zwischen den Schritten 5 und 6, Körper dreht weniger, Ba-Fe, Neigung R.
7 Dame, LF rückw. in GBST, Rücken schr. z. Wa, 1/8 LD zwischen den Schritten 6 und 7, Körper dreht weniger, Ba-Fe, Neigung L.

Die Schritte 2–7 werden hoch auf den Ballen getanzt und erst am Ende des 7. Schrittes gesenkt. Der Rhythmus ist im Slowfox slow-quick-quick-quick-quick-quick-quick.

Nachher: Three Step.

Figurenfolgen

Aus den bisher beschriebenen Figuren im Slowfox werden drei Figurenfolgen vorgeschlagen.
Sie sind so zusammengestellt, daß sie in sich wiederholt werden können.

Figuren		Schritte	Takte
Folge 1			
Feather Step	→ Seite 112	1–3	1
Three Step	→ Seite 113	1–3	1
Natural Turn	→ Seite 114	1–3	1
Closed Impetus	→ Seite 118	1–3	1
Feather Ending	→ Seite 122	1–3	1
Reverse Turn	→ Seite 116	1–6	2
Three Step	→ Seite 113	1–3	1
			8
Folge 2			
Reverse Turn	→ Seite 116	1–6	2
Whisk (als Eckenfigur)	→ Seite 130	1–3	1
Natural Weave	→ Seite 124	1–7	2
Three Step	→ Seite 113	1–3	1
Natural Turn	→ Seite 114	1–3	1
Closed Impetus	→ Seite 118	1–3	1
Feather Ending	→ Seite 122	1–3	1
			9
Folge 3			
Closed Telemark	→ Seite 128	1–3	1
Natural Turn	→ Seite 114	1–3	1
Open Impetus	→ Seite 120	1–3	1
Weave from Prom.Pos.	→ Seite 130	1–7	2
Three Step	→ Seite 113	1–3	1
			6

Tanzschulen

Vom Benimm zur Erlebniswelt – Von den Grundformen zu den Tanzabzeichen

Die Tanzschule von damals, vor dem 2. Weltkrieg, war eine Schule für Benimm und gesellschaftliche Umgangsformen. In erster Linie kam es darauf an, junge Menschen im Alter zwischen 15 und 18 Jahren in die Gesellschaft einzuführen und eine erste schüchterne Annäherung der beiden Geschlechter zu arrangieren. Ziel eines Tanzkurses war es, bis zum ersten Abschlußball, alle Tänze und Höflichkeiten zu beherrschen, die benötigt wurden, um als Debütant einen solchen offiziellen Anlaß würdig zu überstehen. Der Wiener Opernball und ähnliche Veranstaltungen konservieren auch heute noch bewußt diese Tradition.

Die moderne ADTV-Tanzschule gestaltet ihren Tanzunterricht wesentlich entspannter und kommunikativer. Sie bietet heute ein breitgefächertes Programm für jedes Alter und jedes tänzerische Interesse an.

1. Die **Standardtänze** Langsamer Walzer, Wiener Walzer, Tango und Foxtrott, dazu oft Marsch-Fox, Quickstep, Slowfox und Blues.
2. Die **Lateinamerikanischen Turniertänze** Samba, Cha-Cha-Cha, Rumba, Paso Doble und Jive.
3. Die **Mode- und Partytänze**, wie z.B. Twist, Boogie, Rock 'n' Roll, Tango Argentino, Mambo/Salsa, Disco-Fox, Hustle, Break Dance, Lambada, Macarena und Hip Hop.
4. Die **alten Tänze** wie z. B. Charleston, Polka, Galopp.

Die moderne Tanzschule ist aber nicht nur Institut zum Erlernen von Gesellschaftstänzen, sie hat sich außerdem zu einer attraktiven Freizeitwelt für alle Altersgruppen, zu einer Erlebniswelt entwickelt. Anstelle steifer Förmlichkeit und spießiger Benimm- und Schrittvermittlung sind Natürlichkeit, Spontaneität und Lebensfreude geboten.

60% aller Jugendlichen eines Jahrgangs besuchten 1996 eine der ca. 700 ADTV-Tanzschulen. Insgesamt finden immer mehr Menschen den Weg in die Tanzschulen, wo sie in Tanzkursen, bei Übungsparties, kleinen Wettbewerben, auf Bällen und Sonderveranstaltungen ihre Freizeit aktiv gestalten und Kontakte, Spaß und Lebensfreude finden. Während der Tanzlehrer von gestern die Rolle des strengen Erziehers spielte, ist der ADTV-Tanzlehrer von heute nicht nur fachlich durch eine fundierte Aus- und Weiterbildung up-to-date, sondern auch Freizeitpartner, Entertainer und Animateur. Tanzen und Tanzen-Lernen ist ein Vergnügen für jung und alt, für Singles, Paare und Gruppen geworden.

Vor 1873 befanden sich »Hoftanzlehrer«, die allmählich mehr und mehr in Kreisen des sogenannten gehobenen Bürgertums unterrichteten, auf relativ einsamem Posten, was Ausbildung und Informationen über Tanzbeschreibungen betraf. So verbreiteten sich Musik und Tänze bis ins 19. Jahrhundert hinein verhältnismäßig langsam. 1922 wurde in Halle an der Saale der **Allgemeine Deutsche Tanzlehrerverband (ADTV)** gegründet. Der organisierte Gedankenaustausch im ADTV führte zu einer regelrechten Tanzinflation. Die Vielzahl der Tänze und Tanzformen ließ bald den Ruf nach einem internationalen Dachverband laut werden. Das **International Council of Ballroom Dancing (ICBD)** wurde erst 1949 in Edinburgh, Schottland, gegründet. In diesem Verband versuchten 22 nationale Verbände, den Gesellschaftstanz weltweit zu koordinieren. Seit 1993 heißt dieser Verband **World Dance And Dance Sport Council (WDDSC)**.

Mit der Absicht, weitere Interessengruppen in Deutschland zu vereinen, wurde 1950 in Bad Kissingen der ADTV neu gegründet und nennt sich seither: **»Allgemeiner Deutscher Tanzlehrerverband in der Bundesrepublik Deutschland e.V.«**. Der ADTV umfaßt 1996 mehr als 2000 Mitglieder. Er kontrolliert durch sein Professionalturnieramt **(PTA)** alle deutschen Professional-Tanzturniere. Mitglied im ADTV kann nur werden, wer eine Prüfung vor der Prüfungskommission des Verbandes abgelegt hat. Nach zweijähriger Schulung ist die Assistenzlehrerprüfung. In Spezialseminaren kann sich der geprüfte Assistent auch noch zum Tanzlehrer, Tanzsporttrainer und zum Ausbildungslehrer ausbilden lassen. Die Abschlußprüfungen sind die absolut umfassendsten und schwierigsten der vergleichbaren Leistungsnachweise aller Tanzlehrerverbände der Welt. Die Assistenzlehrer, Tanzlehrer, Tanzsporttrainer und Ausbildungslehrer des ADTV halten sich durch regelmäßige Fachtagungen stets über die Entwicklung im Gesellschaftstanz und Tanzsport auf dem laufenden, wie bei dem jährlich stattfindenden **INTAKO** (Internationaler Tanzlehrer-Kongreß). In einer Fachtagung wurde 1962 in Zusammenarbeit mit dem ICBD das sogenannte Welttanzprogramm **(WTP)** geschaffen. Das WTP ist ein international einheitliches Mindestprogramm für Anfänger- und Fortgeschrittenenkurse in den zwölf wichtigsten Gesellschaftstänzen: Langsamer Walzer, Wiener Walzer, Tango, Foxtrott (Quickstep), Blues (Langsamer Foxtrott), Samba, Cha-Cha-Cha, Rumba, Paso Doble, Jive, Rock 'n' Roll und Disco Fox. Am Ende dieser Kurse wird die sogenannte **Welttanznadel** als äußeres Erkennungszeichen tänzerischer Allgemeinbildung verliehen. Für Paare, die ihr tänzerisches Können überprüfen wollen, bieten die Tanzschulen seit 1968 das **Deutsche Tanzabzeichen (DTA)** an. Wer in zwei Kursen die Grundlagen des Welttanzprogramms erlernt hat, kann in weiteren Kursstufen die Bronze-, Silber-, Gold-, Goldstar- und Super-Goldstar-Medaille anstreben. Für die Bronze-Medaillen-Prüfung kann sich der Tänzer vier Tänze auswählen. Für die Silber- und Goldabzeichen wird jeweils ein Tanz mehr geprüft und das bisherige Programm um einige Figuren erweitert. Für Goldstar werden zwei Standard- und zwei Lateinamerikanische Tänze vom

Prüfling und noch zwei weitere Tänze vom Prüfer (einem ADTV-Tanzlehrer) bestimmt. Beim Super-Goldstar-Test schließlich werden vom Prüfer alle sechs Tänze bestimmt (3 Standard- und 3 Lateintänze). Die Wertungsgebiete (Takt, Haltung, Technik) ähneln denen bei Amateurtanzturnieren und werden dem Medaillenstand entsprechend gehandhabt.
Ein Schritt in Richtung Tanzsport sind die **Medaillenturniere.** Unter befreundeten Tanzschulen werden gesellige Vergleichskämpfe veranstaltet, bei denen die besten Tänzer der Medaillenkurse gegeneinander antreten. Hier finden Wettkämpfe ohne Turnierkleidung in zwangloser Atmosphäre statt mit der Absicht, den Paaren den Tanzsport schmackhaft zu machen.

Tanzsportclubs

Vom Breitensport zum Leistungssport – Von den Tanzabzeichen zu den Tanzturnieren

Wen in einer Tanzschule nach einigen Tanzkursen der Ehrgeiz gepackt hat, wer sein Tanzen zum Sport weiterentwickeln möchte, der findet in einem Tanzsportclub sein tänzerisches Zuhause. Häufig sind diese Clubs irgendwelchen Sportvereinen angeschlossen oder bilden ihren eigenen gemeinnützigen Verein (e.V.). Der größte Teil der Clubmitglieder besteht in der Regel aus Nicht-Turniertänzern, sogenannten Breitensportlern, die Tanzsport ausschließlich zum eigenen Vergnügen treiben wollen. Diese Gruppe bildet die finanzielle Basis eines Vereins. Der kleinere, nicht aber

Tanzfestival im »Wintergarden«, Blackpool

weniger wichtige Teil der Mitglieder strebt den tanzsportlichen Wettbewerb an. Diese Gruppe prägt das sportliche Image des Tanzsportclubs. Trainiert werden die Clubs von ADTV-Tanzsporttrainern und sogenannten Übungsleitern, die vom **Deutschen Tanzsportverband (DTV)** ausgebildet und geprüft werden.
Der DTV wurde 1921 gegründet und ist Mitglied im **Deutschen Sportbund (DSB).** Der Verband, seine Clubs und Landesverbände sind finanziell unabhängige Vereine nach den gesetzlichen Bestimmungen des BGB und alle »e.V.«. Der DTV kontrolliert den Amateur-Tanzsport in Deutschland, er veranstaltet alle Deutschen Amateur-Tanzsportmeisterschaften, beschickt die internationalen Meisterschaften und stellt zu Länderkämpfen die Deutsche Nationalmannschaft auf.
Der DTV hatte Mitte 1997 fast 200000 tanzsporttreibende Amateure, die Mitglieder in Vereinen und Landesverbänden sind. Das Präsidium des DTV setzt sich aus Amateuren und Tanzlehrern als Fachbeirat zusammen. 1968 schlossen der DTV und der ADTV ein Abkommen, wonach in DTV-Clubs nur Mitglieder des ADTV als Trainer verpflichtet werden und in Clubs keine Anfängerkurse stattfinden dürfen; im Gegenzug veranstaltet der ADTV keine Amateur-Tanzturniere.
Die internationale Organisation für den Amateur-Tanzsport ist das 1953 in Wiesbaden gegründete **International Council of Amateur Dancers (ICAD).** Die Mitglieder des ICAD sind die nationalen Amateur-Tanzverbände, wie der DTV. Das ICAD fördert den Tanzsport in partnerschaftlicher Zusammenarbeit mit den Tanzlehrerverbänden, koordiniert die internationalen Meisterschaften, die Wettbewerbsregeln und bemüht sich seit Jahren um die Aufnahme des Tanzsportes in die olympische Disziplin. Seit 1991 trägt dieser Weltverband der Amateure den neuen Namen **International Dance Sport Federation (IDSF).**
Ein guter Breitensportler hat zwar viel Freude an zwanglosem Tanzen oder als Zuschauer von Tanzturnieren, doch ab und zu möchte auch er sich Leistung abverlangen und den Sport mit einem Leistungsnachweis versehen.
Ähnlich den Medaillentests in den ADTV-Tanzschulen, verleiht der DTV für tanzsportliche Leistungen in den zehn offiziellen Turniertänzen (Langsamer Walzer, Tango, Wiener Walzer, Slowfox, Quickstep, Samba, Cha-Cha-Cha, Rumba, Paso Doble, Jive) das **Deutsche Tanzsportabzeichen (DTSA)** in **Bronze, Silber, Gold** und **Gold mit Kranz** für drei verschiedene Altersklassen. Das DTSA wird in normaler Tageskleidung, nach detaillierten Regeln abgelegt. Ein umfangreicher Leistungskatalog legt die verlangten Figuren für die entsprechenden Leistungsstufen fest. Die Verleihungsbedingungen geben Auskunft über Inhalt und Ablauf der Prüfungen, die von Landesbeauftragten abgenommen werden. Auch hier gelten im wesentlichen die Regeln der Amateur-Tanzturniere.

Wem dieses kleine Leistungsmessen ein Ansporn war, der wird sich vielleicht dazu entschließen, den Start in einem **»E-Turnier«** zu wagen. In einem E-Klassen-Turnier haben die Teilnehmer Gelegenheit, ohne Turnierkleidung die Turniersituation zu erproben. Alles andere ist bereits wie bei einem »richtigen« Turnier: Wertungsrichter, vom DTV gründlich ausgebildete Amateure, bemühen sich nach bestem Wissen und Gewissen auf der Grundlage der Wertungsrichtlinien des DTV um eine gerechte Plazierung der Paare.

In den verschiedenen Startgruppen und Startklassen werden Standard-, Latein- oder Kombinationsturniere über 10 Tänze ausgetragen. Man unterscheidet Kinder-, Junioren-, Jugend-, Haupt- und Seniorengruppen. Die Startgruppenzugehörigkeit richtet sich nach den vorgeschriebenen Altersgrenzen.

Die meisten Turnieranfänger beginnen in der **Startklasse E;** erst in der **C-Klasse** wird Turnierkleidung erforderlich.

Nach einem festgelegten Schlüssel von Aufstiegspunkten und Plazierungen erreicht ein Paar nach etwa 1–2 Jahren die nächsthöhere **Klasse B,** später die **A-** und schließlich die **S-Klasse (Sonderklasse).**

Neben den **Paarwettbewerben** avancieren in letzter Zeit die **Formationswettbewerbe** zur beim Publikum beliebtesten Tanzsportdisziplin. Dafür sind nicht nur das hohe tänzerische und choreographische Niveau der Gruppen, der optische Genuß traumhafter Kostüme, der akustische Reiz raffiniert zusammengestellter Formationsmusiken verantwortlich, sondern auch der langjährige, internationale Erfolg deutscher Formationen. Die Popularität des Turniertanzens ist nicht zuletzt durch die zahlreichen Fernsehübertragungen von Deutschen-, Europa- und Weltmeisterschaften erheblich gestiegen.

Tanzsport ist auch Kunst. Der künstlerische Aspekt wird nicht zuletzt in der Turniermode erkennbar. Die Kostüme der Lateinamerikanischen Tänze sind besonders starken Veränderungen unterworfen.

Die Turnierkleider der Standardtänzerinnen variieren nicht ganz so stark, obwohl die Trägerinnen in jeder Saison mit neuen Ideen aufzutreten versuchen. Die Rocklänge, Farbe und Applikation, das Volumen der Kleider und ihr Gewicht verändern sich regelmäßig; der Grundstil des modifizierten Abendkleides blieb den Standardkleidern aber bis heute erhalten.

Sehr häufig entwerfen und schneidern sich die Turnierpaare die Kleidung selbst oder lassen sie bei Fachleuten, oft ebenfalls Tänzern, anfertigen. Außer bei Formationen sind Turnierkleider Einzelstücke und daher nicht billig (Standardkleid ca. 2000 bis 4000 DM).

Tanzmusik

Musik muß in die Beine gehen – das ist eine Forderung aller Hobby- und Turniertänzer. Tanzen ist Bewegung nach Musik bzw. das Umsetzen von Musik in Bewegung.
Der Tänzer bekommt heute seine Musik vorwiegend über CD und Kassette geliefert. Große Tanzturniere werden fast ausschließlich von Live-Bands begleitet. »Klassische« Tanzmusik, gespielt von den großen Tanzorchestern, war und ist die Grundlage für das fachgerechte Tanzen. Die Arrangeure versuchen, aktuelle Musikstücke der Struktur, dem Rhythmus und dem Tempo des jeweiligen Tanzes anzupassen. Allerdings gibt es auch oft Modehits aus der Popszene, die sich zum Tanzen eignen. Es wird von dem zugrundeliegenden Rhythmus abhängig sein, welche Tänze – oft sind es mehrere – zu dem Musikstück passen.
Bei der Auswahl der Musikstücke wird der fachkundigere Tänzer darauf achten, daß der Charakter des jeweiligen Tanzes, dessen rhythmische Besonderheiten und das richtige Tempo vorgegeben ist. Tanzmusik wird häufig für den Verbraucher gekennzeichnet, z.B. »Im strikten Tanzrhythmus«, »Der ADTV empfiehlt«, »Von Tanzlehrern empfohlen«, »Vom DTV empfohlen«. Weiterhin ist in der Regel die Tanzbezeichnung angegeben, mitunter auch das Tempo des Musikstücks (Takte pro Minute) und die Dauer in Minuten und Sekunden.

Die Musikproduktionen folgender deutschsprachiger Tanzmusiker können empfohlen werden:

Rudi Bohn, u.a. »Tanz mal wieder« 1, 2, 3

The Comets, u.a. Tanzen mit »The Comets«

Kurt Edelhagen, u.a. »Super Tanzmusik«

Ric Gerties, u.a. »Dance Around The Clock«

Max Greger, u.a. »Tanzen '92–'97«, »Super Tanzmusik«, »Klassisches Tanzvergnügen«

Max Greger jr. und die SDR Big Band, u.a. »Tanzparty 1 bis 2«

»Klaus Hallen 1 bis 3« »K. H. Plays The Music Of Phil Collins, Elton John, Stevie Wonder« »K. H. Collection (in allen Standardtänzen)«

Paul Kuhn, u.a. »Tanz mit Paul Kuhn« 1, 2, 3

Günter Noris, u.a. »Die Tanzplatte des Jahres« bis 1997, »The World is Dancing«, »Ein Ballerlebnis«, »Tanzrausch«, »Dance to the Classics«

Ambros Seelos, u.a. »Dance Festival«, »Tanzgala 89–97«

Hugo Strasser, u.a. »Die Tanzplatte des Jahres« bis 1997, »The World is Dancing«, »Ein Ballerlebnis«, »Tanz-Edition 1, 2 Standardtänze«, »Tanzgala«

Vienna Tanzorchester, u.a. »Musik im strikten südamerikanischen Tanzschritt«

Werner Tauber, u.a. »Weltmelodien im strikten Tanzrhythmus«

Literatur

Allgemeiner Deutscher Tanzlehrer-Verband: Festschrift 250 Jahre Deutsche Tanzschule. Berlin 1968
Allgemeiner Deutscher Tanzlehrer-Verband: Welttanzprogramm. Wuppertal 1991
Allgemeiner Deutscher Tanzlehrer-Verband: Elementare Bewegungslehre. Welttanzprogramm und Deutsches Tanzabzeichen. Wuppertal 1983
Augst, H. A.: Tanzen Schritt für Schritt. München 1979
Ballhaus, P.: Ich tanze modern. Stuttgart 1962[5]
Böhme, F. M.: Geschichte des Tanzes in Deutschland. Frankfurt 1886, Nachdruck Hildesheim–Wiesbaden 1967
Boehn, M. v.: Der Tanz. Berlin 1925
Burgauner, C.: Tanzen in Deutschland. München 1986
Burgauner, C.: Tanzen weltweit. München 1995
Burgauner, C.: Tanzsport. München 1996
Deutscher Tanzsportverband: Jahrbuch Tanz. Sportverlag OK Lübeck (erscheint jährlich)
Deutscher Tanzsportverband: Figurenkatalog für die E-C-Klassen. Standard und Latein. Neu-Isenburg 1984
Deutscher Tanzsportverband: Freizeit-Breitensport-Fibel Tanzen. Neu-Isenburg 1989
Deutscher Tanzsportverband: Wertungsrichtlinien für Tanzsportturniere im Deutschen Tanzsportverband. Neu-Isenburg 1990
Eichstedt, A./Polster, B.: Wie die Wilden. Tänze auf der Höhe ihrer Zeit. Berlin 1985
Fern, E.: Wir lernen tanzen. Niedernhausen 1987[2]
Garnier, von E.: bernold, beat und bossanova. München 1972
Girke, D.: Tanzsport in der Schule. Schriftenreihe zur Praxis der Leibeserziehung und des Sports, Bd. 159. Schorndorf 1982
Günther, H./Schäfer, H.: Vom Schamanentanz zur Rumba. Die Geschichte des Gesellschaftstanzes. Stuttgart 1975
Günther, H./Haag H.: Vom Rock 'n' Roll bis Soul. Die modernen Poptänze von 1954 bis 1976. Ostfildern-Nellingen 1976
Hädrich, G.: Tanzstunde. Die 11 Tänze des Welttanzprogramms. Wiesbaden 1975
Hädrich, G.: Tanzstunde. Figuren für Fortgeschrittene. Wiesbaden 1975
Hädrich, G.: Tips für Tanzlehrer, Tanzsportlehrer und Turnierpaare. Hamburg-Harburg 1978
Hädrich, G.: Tanzstunde. Das Welttanzprogramm. Party- und Discotänze. Stuttgart 1983[2]
Hädrich, G.: Tanzstunde. Das Welttanzprogramm leicht gelernt. Niedernhausen 1988
Imperial Society of Teachers of Dancing: The Ballroom Technique. London 1993[5]
Krebs, P.: Wiener Walzer, Mambo Bolero und Cha Cha Cha. In: Moore, A., Gesellschaftstanz. Stuttgart 1982[11]
Krombholz, G.: Tanzen für alle. Von den Grundelementen zu geselligen Tanzformen. München 1980[2]
Krombholz, G.: Tanz. In: Größing, S. (Hrsg.), Senioren und Sport. Bad Homburg 1980, S. 194–284
Krombholz, G. und Münchner Rollstuhl-Tanzgruppe: Rollstuhltanz. München 1986
Krombholz, G./Haag, P.: richtig rock 'n' roll tanzen. München 1986[3]
Krombholz, G./Leis-Haase, A.: Richtig Tanzen 1. Lateinamerikanische Tänze von den Grundformen zu den Tanzabzeichen: Samba, Cha-Cha-Cha, Rumba, Paso Doble, Jive; mit Mambo/Salsa. München 1994[3]
Möller, E.: Die neue Lateintechnik aus England in deutscher Sprache. Übersetzung: Imperial Society of Teachers of Dancing:

Latin American Dance Branch. Hamburg 1973
Moore, A.: Gesellschaftstanz (Mit den Teilen Wiener Walzer, Mambo Bolero und Cha-Cha-Cha von Paul Krebs). Deutsche Übersetzung: Hädrich, G./Kalckhoff, H., Stuttgart 1982[11]
Moore, A.: Ballroom Dancing. London 1936[1]/1983[11]
Moore, A.: The Revised Technique of Ballroom Dancing. London 1948[1]/Kingston on Thames 1986
Paugger, P.: Gesellschaftstanz – Modetanz. Olten/Stuttgart/Salzburg 1971
Philip, J./Richardson, A.: A History of English Ballroom Dancing 1910–1945. London o.J. (um 1946)
Richter, K./Kleinow, H.: Fit mit Tanzen. Niedernhausen 1987
Riebeling, C. E.: Alte Gesellschaftstänze um die Jahrhundertwende (1900), aus der Inflationszeit (1925). ADTV-Prüfungsunterlage o.J.
Sachs, C.: Eine Weltgeschichte des Tanzes. Berlin 1933, Nachdruck Hildesheim–New York 1976
Schneider, O.: Tanzlexikon. Der Gesellschafts-, Volks- und Kunsttanz von den Anfängen bis zur Gegenwart mit Bibliographie und Notenbeispielen. Mainz/London/New York/Tokio 1985
Silvester, V.: Modern Ballroom Dancing. London 1927[1]
Steuer, W./Marz, G.: So tanzt man Rock 'n' Roll. Niedernhausen 1981
Stuber, H./U. (Hrsg.): Wörterbuch des Tanzsports. München 1990
Tanzschulinhaber-Vereinigung (TSIV) im ADTV: Tanzen. Spaß zu zweit. München 1989
Trautz, R./Schnitzer, H. G.: Gesellschaftstänze. München 1985
Weber, B./F.: Moderne Tänze mit Soultechniken, Disco-Fox, Hustle, Mambo-Salsa und Parytänzen. Niedernhausen 1995

ZEITSCHRIFTEN

ADTV-News. Aktueller Informations-Dienst des ADTV, München
Dance Fan. Ballroom Dance Magazine, Tokio/Japan
Dance News. Meadrow, Godalming, Surrey/Großbritannien (erscheint wöchentlich)
DPV Aktuell. Fachorgan Deutscher Professional Tanzsportverband. Witten (erscheint monatlich)
Information Aktuell. Offizielles Organ des Österreichischen Tanzsportverbandes (ÖTSV), Graz/Österreich (erscheint monatlich)
Swinging World News. Leverkusen (erscheint viermal jährlich)
Tanz. Offizielles Organ des Schweizer Amateur-Tanzsportverbandes (SATV), Zürich/Schweiz (erscheint viermal jährlich)
tanz-Illustrierte. Organ des Allgemeinen Deutschen Tanzlehrer-Verbandes, Swiss Official Board und Verbandes der Tanzlehrer Österreichs. Hans-Georg Schnitzer-Verlag, Köln (erschien monatlich von 1952 bis 1985)
Tanzspiegel. Organ des Deutschen Tanzsportverbandes und des Schweizer Amateur-Tanzsport-Verbandes. Tanzwelt-Verlag, Neu-Isenburg (erscheint monatlich)
The Alex Moore Letter Service (Englische Ausgabe ab 1933, derzeitige Herausgeber Spencer, P./Hearn, G.; deutsche Ausgabe ab 1950, derzeitiger Herausgeber mit Videoservice: Steuer, W., München)

Fachausdrücke

Achsenartige Drehung Wie die Achsendrehung, nur wird der unbelastete Fuß nicht in Gegenbewegungsstellung (GBST) gehalten, sondern vierspurig oder weiter geöffnet geführt. Auch »Pivoting Action« genannt.

Achsendrehung Ein-Schritt-Drehung auf dem flachen Ballen eines Fußes, während der andere Fuß vor oder hinter dem Körper in GBST gehalten wird. Auch »Pivot« genannt.

ADTV Allgemeiner Deutscher Tanzlehrer-Verband.

ATL ADTV-Ressort »Angestellte Tanzlehrer«.

Ausgangsposition Stellung der Tanzpartner im Raum und zueinander vor Beginn einer Figur.

außenseitliche Stellung/Schritte Vorwärtstanzen in Gegenüberstellung an der rechten Außenseite des Partners/der Partnerin. Bei außenseitlichen Schritten ist die Fußposition des Paares statt vierspurig nur zweispurig.

Bandoneon Ein von Heinrich Band aus Krefeld um 1850 gebautes vier- oder achteckiges, chromatisches Akkordeon. Bestandteil eines klassischen Tango-Ensembles.

Bewegungsrichtung Front (bzw. Rücken) des Herrn oder der Dame: in Tanzrichtung, gegen Tanzrichtung, zur Wand, schräg zur Wand, schräg zur Wand gegen Tanzrichtung, zur Mitte, schräg zur Mitte, schräg zur Mitte gegen Tanzrichtung.

Blues Ein legerer Standardtanz im Welttanzprogramm auf langsame Foxtrott-Musik für kleine Tanzflächen.

Boston »Nachläufer« des Wiener Walzers und »Vorläufer« des English Waltz (Langsamer Walzer).

Brush (Step) Unbelastetes Heranziehen des Schreitbeines zum Standbein mit Bodendruck. Beim Tango wird der Fuß leicht über dem Boden geführt. Auch »Bürstenschritt« genannt.

Chasse Dreischritt-Kombination, d.h. Abfolge von drei Schritten in Seitwärtsbewegung, von denen der mittlere geschlossen wird (Wechselschritt). Grundbewegung im Langsamen Walzer und Quickstep bestehend aus vier Schritten einschließlich des vorbereitenden Schrittes (1, 2 und 3).

Closed Change Geschlossener Übergang im Langsamen Walzer und Wiener Walzer.

DPV Deutscher Professional Tanzsportverband.

Deutsches Tanzabzeichen Vom ADTV nach dem Vorbild der englischen »medal tests« 1968 eingeführt. Die Tanzabzeichen in Bronze, Silber, Gold, Goldstar und Super-Goldstar sind der schrittweise Übergang vom Fortgeschrittenenprogramm der Tanzschulen bis zum Einstieg in den Tanzsport.

Deutsches Tanzsportabzeichen Vom DTV für tanzsportliche Leistungen geschaffen; in Bronze, Silber, Gold, Gold mit Kranz für drei verschiedene Altersklassen.

Disco-Fox Moderne Paartanzform, auch Disco-Swing genannt, die etwa 1973/74 entstand. Besteht aus einem einfachen Grundschritt, mit bekannten Boogie-Woogie- und Swing-Figuren sowie interessanten Wickelfiguren des in den USA entstandenen Hustle vermischt.

DPV ADTV-Ressort »Deutscher Professional-Tanzsportverband«.

Drehungsumfang Grad der Drehung des einzelnen Tänzers bzw. des Tanzpaares entweder auf einzelne Schritte aufgeteilt oder wie im Tango meist für eine ganze Figur angegeben.

dreispurig Füße des Herrn und der Dame sind nach links versetzt, so daß die rechten Füße voreinanderstehen (Tango). Es entstehen drei Balancelinien.

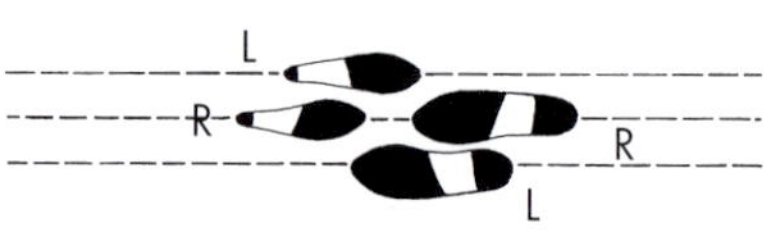

DTV Deutscher Tanzsportverband.
einspurig Das bei einer Schrittfolge genaue eingleisige Vorwärts- bzw. Rückwärtssetzen des Fußes. Der Tänzer bewegt sich auf einer Balancelinie.

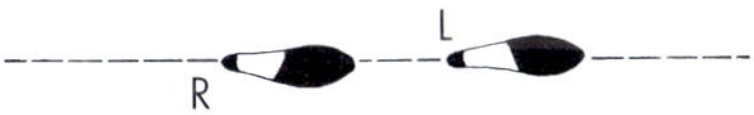

Endposition Stellung der Tanzpartner zueinander und im Raum nach Abschluß einer Figur.
Englischer Stil Turnierstil, der sich ab 1929 von England aus weltweit durchsetzte. Als Kontrast zu dem kontinentalen Stil, der weitgehend auf dem höfischen Schreittanz und dem Ballett beruhte, entstanden. Wesentlichstes neues Merkmal war eine natürliche, dynamische Fortbewegung in einer leichten, mühelosen Ausführung.
English Waltz Langsamer Walzer.
Fersenachsendrehung Drehung auf der Ferse eines Fußes, wobei die Ferse des anderen Fußes zurückgezogen und leicht vorwärts ohne Gewicht, aber mit Druck auf dem Ballen geschlossen wird (Heel Pivot).
Fersendrehung Drehung auf der Ferse eines Fußes, während der andere Fuß zunächst auf der Ferse zurückgezogen, dann parallel geschlossen wird und schließlich das Gewicht übernimmt (Heel Turn).
Flick (wie z. B. im Tango): Kurzes Anwinkeln des Unterschenkels hinter dem Standbein bei geschlossenen Knien.
Fußarbeit Bezeichnung des Schrittansatzes, d.h. des Fußteils, der den Boden berührt (Ferse, Ballen, ganzer Fuß, Innenkante).
Fußposition Stellung des Fußes im Raum (s. in den Figurentabellen bei »Schritte«): vorkreuzen in GBST, vorw. in GBST, vorw., vorw. l. seitw., diag. vorw., seitw. l. vorw., seitw., seitw. l. rückw., diag. rückw., rückw. l. seitw., rückw., rückw. in GBST, hinterkreuzen in GBST.
Gegenbewegung Gleichzeitiges Vor- bzw. Rückwärtsdrehen der entgegengesetzten Körperseite zum ausschreitenden Bein.
Gegenbewegungsstellung Fuß- und Körperstellung, in der die Füße einspurig bzw. überkreuzt stehen. Entsteht durch das Vorwärts- oder Rückwärtssetzen des ausschreitenden Beines zur entgegengesetzten Körperseite.
Habanera Stilisierter afrikanischer Werbetanz, nach der kubanischen Hauptstadt La Habana benannt. Im zentral- und südamerikanischen Raum volkstümlich beliebt. »Vorläufer« des Tangos im mäßig schnellen $^{2}/_{4}$-Takt.
Heben und Senken Veränderung der Position des Schwerpunktes über die Grundstellung durch Lösen der Fersen vom Boden und Strecken der Knie (»heben«), unter die Grundstellung durch Beugen oder leichtes Beugen der Knie (»senken«). Unterschiedlich je nach Tanz und Figur.
Hesitation Verlangsamung einer Figur durch Ausdehung der Bewegung auf einen zusätzlichen Taktteil, z. B. im Langsamen Walzer Zögerwechsel.
ICBD International Council of Ballroom Dancing (= Weltverband der Professionaltänzer) bis 1992 (s. Seite 133).
IDSF International Dance Sport Federation (Weltverband der Amateurtänzer, vormals ICAD, s. Seite 135).
Impetus Rechtsdrehung über drei Schritte mit Fersendrehung des Herrn.
Körperlinien Umfassen Kopf-, Arm-, Rumpf- und Beinlinien (waagrecht, senkrecht, bogenförmig).
Körperneigung Neigung der Körpersenkrechten nach rechts oder links durch Dehnung der Körperaußenseite. Der Fliegkraft wird durch die Körperneigung (Sway) entgegengewirkt.
Kreiseldrehung Zwei-Schritt-Drehung auf dem Ballen eines Fußes, während der andere Fuß auf Ballen seitwärts gesetzt wird.
Lock Step Quickstep-Figur, Abfolge von drei Schritten, wobei der mittlere vor- oder hintergekreuzt wird.

Marsch-Fox(trott) Ein Standardtanz im Welttanzprogramm auf schnelle Foxtrott-Musik, wobei pro Taktschlag ein Tanzschritt getanzt wird.
Milonga Der Begriff entstammt der Negermischsprache Brasiliens (bedeutet soviel wie »Fest«). In den Hafenvierteln von Montevideo und Buenos Aires wurde der Tanz um 1860 aus der Habanera zu einem meist sehr engen Paartanz. Als »Vorläufer« des Tangos begeisterte er unter dem Namen »Milonga-Tango« Anfang des 20. Jahrhunderts Europa.
Natural Rechtsdrehend.
Onestep Ein um 1908 aus Nordamerika kommender Tanz meist im schnellen $^2/_4$-Takt, der 1909 bei der 1. »Weltmeisterschaft« getanzt wurde. Die vereinfachte »Einschritt-Bewegung« mit stets gleichbleibendem Rhythmus machte diesen Marschtanz mit einfachem Vorwärts- und Rückwärtsgehen unter dem Namen »Schieber« in den zwanziger Jahren volkstümlich.
ÖTSV Österreichischer Tanzsportverband.
Phrase Selbständiger Abschnitt eines Musikstückes.
Phrasierung Melodisch-rhythmische Einteilung eines Musikstücks in selbständige Abschnitte.
Pivot → Achsendrehung.
Posen Tänzerische Körperbilder, die kurzzeitig verharren; bilden Höhepunkte in der Turnierchoreographie.
Rag Ein 1912 aus Nordamerika nach Europa kommender »Wackel- und Schiebetanz« zu Ragtime, einer synkopierten Jazz-Musik, getanzt. Mit dem Onestep Vorläufer des Foxtrotts.
Reverse Linksdrehend.
Revised Technique of Ballroom Dancing Überarbeitung der 1929 in England standardisierten Tänze von Alex Moore 1948.
RLA ADTV-Ressort »Lehre und Ausbildung«.
Rock Wiegeschritt; beim Tango aus einem kleinen Rückwärtsschritt (Herr LF, Dame RF) und einem betonten Vorwärtsschritt (Herr RF, Dame LF) bestehend.
SATV Schweizer Amateur-Tanzsportverband.
Schulterführung Gleichzeitige Bewegung eines Fußes und derselben Körperseite, damit auch der Schulter, in dieselbe Richtung vorwärts bzw. rückwärts (z.B. rechter Fuß – rechte Schulter).
Spiraldrehung Drehung aus einer gekreuzten Fußstellung, wobei auf dem Ballen des rückwärtigen und der Ferse des vorderen Fußes gedreht wird (Twist Turn). Füße entkreuzen sich und enden in paralleler Position.
Startschritt Schritt, mit dem eine Tanzfigur beginnt.
Swivel Drehung des Fußes auf Ballen oder flachem Fuß.
Tango Argentino Als »Urtango« Ende des 19. Jh. in Buenos Aires aus der kubanischen Habanera und der argentinischen Milonga entstanden. Heute eine eigenständige Tanzart, die in einer Vielfalt von Bewegungsformen und Haltungen zu meist Live gespielter Musik in Tanzshows und Tanzlokalen Argentiniens und darüber hinaus in vielen Städten der Welt fasziniert.
Telemark Linksdrehung über drei Schritte mit Fersendrehung der Dame.
TSI ADTV-Ressort »Tanzschulinhaber«.
TSL ADTV-Ressort »Tanzsportlehrer«.
TTVS Tanzlehrerverband der Schweiz, Swiss Dance/Tanzsport-Trainer-Vereinigung der Schweiz.
vierspurig Füße des Herrn und der Dame stehen leicht nach links versetzt, so daß der rechte Fuß zwischen die Füße des anderen zeigt. Es entstehen vier Balancelinien.

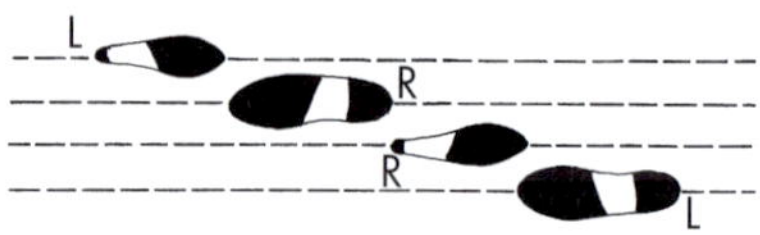

VTÖ Verband der Tanzlehrer Österreichs.
Walzer Auch Ländler, Dreher, Wilder oder Deutscher genannt. Langsamer Walzer

→ Seite 17 ff., Wiener Walzer → Seite 43 ff..
Welttanzprogramm Einheitliche Grundfiguren in Anfänger- und Fortgeschrittenenklassen der Tanzschulen in 12 Tänzen.
Wiegeschritt Rück-Vor- oder Vor-Rück-bewegung (Rock).
Wischer/Whisk Schreitfuß setzt hinter dem Standfuß kreuzend mit mehr oder weniger Ballendruck auf.
WDDSC World Dance And Dance Sport Council (Weltverband der Professional-Tänzer und Tanzlehrer).
Zögerschritt → Hesitation.
zweispurig Füße des Herrn und der Dame stehen in GBST auf nur zwei Balancelinien.

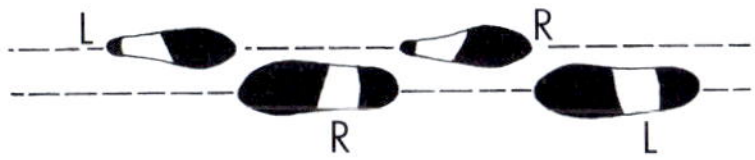

Anschriften

Deutschland

Allgemeiner Deutscher Tanzlehrerverband e.V. (ADTV)
Geschäftsstelle: Nordalbingerweg 19,
D-22455 Hamburg
Tel. 0 40/5 55 44 49
Fax 0 40/5 52 15 40

Deutscher Tanzsportverband e.V. (DTV)
Geschäftsstelle: Robert-Koch-Str. 1–3,
D-63263 Neu-Isenburg
Tel. 0 61 02/3 39 31
Fax 0 61 02/3 39 14

Österreich

Verband der Tanzlehrer Österreichs (VTÖ)
Geschäftsstelle: Schönbrunnerstr. 249,
A-1120 Wien
Tel. 00 43/1/8 15 55 88
Fax 00 43/1/81 55 58 84

Österreichischer Tanzsportverband (ÖTSV)
Geschäftsstelle: Semmelweisstr. 26,
A-4020 Linz
Tel. 00 43/7 32/66 24 24
Fax 00 43/7 32/66 78 91

Schweiz

Tanzlehrerverband der Schweiz, Swiss Dance/Tanzsport-Trainer-Vereinigung der Schweiz (TTVS)
Geschäftsstelle: Eichtalhöhe 8,
CH-5400 Baden
Tel. 00 41/56/21 62 62
Fax 00 41/56/21 62 48

Schweizer Amateur-Tanzsport-Verband (SATV)
Geschäftsstelle: Pappelstr. 10,
CH-8305 Dietlikon
Tel. 00 41/1/8 33 57 44
Fax 00 41/1/8 33 57 44

Damit Sport zum Erlebnis wird

Gertrude Krombholz/Astrid Leis-Haase
Richtig Tanzen 1
Samba, Cha-Cha-Cha, Rumba, Paso Doble, Jive, Mambo/Salsa
Geschichte, tanzspezifische Technik, Grundschritte, Variationen und Figurenfolgen, Tanzschulen und -sportclubs, Musik. Empfohlen vom Allgemeinen Deutschen Tanzlehrer Verband.

Franz Wöllzenmüller
Richtig Jogging
Entspannung und Freude durch den beliebten Ausdauersport: Ausrüstung, Lauftechnik, Trainingsformen für Anfänger und Fortgeschrittene, Verletzungen, Rennen laufen.

Dagmar Sternad
Richtig Stretching
für Freizeit- und Leistungssportler
Sportmedizinische und trainingswissenschaftliche Grundlagen, Trainingsgestaltung, 90 Grundübungen mit Variationen und speziellen Trainingsprogrammen.

Helmut Reichardt
Das ist Schongymnastik
Der gesunde Weg zu Beweglichkeit und Wohlbefinden
Funktionelle Gymnastik, die auf schonende Weise Kraft und Beweglichkeit verbessert: ausführliche Darstellung der Grundlagen, großes Übungsangebot mit vielen Fotos.

Anita Bean/Peggy Wellington
Sporternährung für Frauen
Der Ratgeber für die spezifischen Bedürfnisse aktiver Sportlerinnen
Nährstoffbedarf, der weibliche Zyklus, Osteoporose, Ernährung beim Mannschaftssport, Gewichtskontrolle, Strategien zum Abnehmen, Körperbild und Eßstörungen, Wettkampfvorbereitung, Tagespläne und Rezepte für Snacks usw.

Monika Nienaber
Wassergymnastik
Schonende Übungsprogramme für mehr Wohlbefinden in jedem Alter
Wassergymnastik als Fitneß- und Ausgleichssport für jedermann, als Therapieform bei verschiedenen Erkrankungen und als sportartspezifisches Training.